勉強法から論文・面接・法規対策まで

基礎から学べる

校長・教頭選考

総合対策テキスト

Comprehensive measures text

『学校管理職合格セミナー』編集部 編

教育開発研究所

はじめに

　本書は、校長・教頭（副校長）等の学校管理職をめざす方を対象に、管理職に必要とされる事項を基礎から身につけるとともに、選考試験に合格するための対策を学べるよう、月刊『学校管理職合格セミナー』の人気連載（2021年9月号〜2022年6月号）をもとに作成した「総合対策テキスト」です。

　1章では、学校管理職としての基礎・基本を身につけ、選考試験に合格するための勉強法をお伝えします。

　2章では、選考試験で問われる学校の課題を明確にし、校長職の立場と教頭職の立場のそれぞれから、課題の解決に向けた心得をお伝えします。

　3章では、論文試験への対策として、頻出問題に対する校長・教頭の論文解答例を示し、記述内容へのコメントや合格論文を作成するための考え方などをお伝えします。

　4章では、面接試験への対策として、頻出テーマに関する校長・教頭の質疑応答例と面接官の観点を示し、質問の意図や面接に合格するための備えなどをお伝えします。

　5章では、法規問題への対策として、法規の学び方や基本的な仕組みを示し、選考試験で問われる頻出ポイントを穴埋め形式で学べるように解説しています。

　6章では、選考試験で問われるトラブル発生時の対応について、失敗事例をもとに管理職の問題点を指摘し、望ましい対応例や再発防止に向けた取組方策をお伝えします。

　ぜひ本書を通して、校長・教頭等として職責を果たすための「基礎」を身につけ、選考試験に合格していただければ幸いです。

　最後となりましたが、学校管理職をめざす先生方のために快くご協力を賜りました執筆者の先生方に、心より御礼申し上げます。

2023年7月　『学校管理職合格セミナー』編集部

目　次

執筆者一覧

【1章】

榎本　智司
元国立音楽大学教授／
元全日本中学校長会会長

【2章】

喜名　朝博
国士舘大学教授／
全国連合小学校長会顧問

【3章・4章】

竹田　幸正
宮城学院女子大学特命教授
（校長論文・校長面接）

佐藤　正志
元白梅学園大学教授
（教頭論文・教頭面接）

【5章】　　学校管理職研究会

【6章】

伊藤　俊典
元東京都港区立白金の丘小学校・中学校長／
元全日本中学校長会会長

1章

学校管理職に
なるための勉強法

榎本　智司

　本章では、学校管理職になるためにはどのような資質・能力が必要か、日々の職務の中で何を意識すべきか、論文や面接などの選考対策をどうすればよいかなど、管理職としての基礎・基本を身につけて、選考試験に合格するための勉強法をお伝えします。

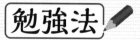

① 学校管理職をめざす 皆さんへのメッセージ

⮕ 皆さんにお伝えしたいこと

①胸を張って、私は管理職をめざしていますと言えるようになる

②管理職選考の合格のためには、論文を書いたり、面接対応の準備をしたりする前に、「日々の自らの人間性、教師磨き」が何よりも大切になる

③管理職をめざすと決めたら、目標達成のために途中であきらめず、合格まで全力で努力する

1 はじめに

⑴ 受験を決意したら

「学校管理職になるための勉強法」の10回講座のスタートです。

今、この文章に目を通してくださっている方は、どのような思いでいらっしゃるのでしょうか。

ただ、漠然と管理職をめざしてみようかという方、確固たる信念をもって管理職になりたいという方、校長になって学校経営を担ってみたいという方など、いろいろな思いを抱いていらっしゃるはずです。

いずれにしても管理職をめざそうと考えたからには、ぜひ、その目標を達成できるよう**全力を尽くして**いただきたいと思います。

⑵ 胸を張って「管理職をめざしています!!」と

管理職選考を受験しようとしている方に「なぜ、受験するのですか」と聞くことがあります。その際、多くの方が「自分はそのつもりはなかったが、校長先生に強く推されて仕方なく受験することにした」と答えます。

もちろん口にはしませんが、「それなら受験はやめた方がよいのではないか」と私は言いたくなります。照れ隠しで言っているのかもしれませんが、

管理職をめざすのは**決して恥ずかしいことではない**はずです。教育の世界に限らず、管理職をめざす人材自体が減少傾向にあると言われています。しかし、管理職は学校にはなくてはならない存在です。

ぜひ、**胸を張って**「私は管理職になりたい」と強い意志表示をしてほしいと思います。

(3) **管理職になるために勉強するとは**

はじめに確認しておきたいことがあります。それは、管理職になるために準備をするのは、「選考合格」だけを考えているのではないということです。

確かに、管理職選考の合格をめざして、机に向かって論文を書いたり、面接の準備をしたりするのは大切ですし、必要です。しかし、私は管理職選考合格のためには「**日々の自らの人間性、教師磨きが大切**」と考えています。

管理職になった以上は、いい仕事がしたいと思うはずです。子どもたちが生き生きと学ぶ学校、教職員も生き生きと自分の力を最大限に発揮でき、全身全霊を込めて子どもたちの指導にあたる学校、そして、保護者や地域からも全幅の信頼を得られる学校、校長であればこの**ような学校を創りたい**と考えるでしょうし、教頭であれば、そのような学校づくりをしようとしている校長の意を体し、教職員から信頼を得ながら**学校づくりの一端を担いたい**と思うはずです。

そのためには、机に向かっているだけでは合格は難しいと言わざるを得ません。まずは子どもたちに、そして管理職も含めたすべての教職員に、さらには保護者や地域の方々に**誠意をもって全力を傾けられる、信頼される教頭や教師になること**が、校長や教頭への一番の早道であると考えます。

教諭として魅力的であった方は、魅力的な管理職になる方が多いのが現実です。逆に言えば、管理職として魅力的でない方は、やはり教諭だったときにも魅力がなかった方が多いように思います。

つまり、管理職選考の合格のためには「日々の自らの人間性、教師磨き」が何よりも大切になることを、はじめにお伝えしたいと思います。

2 私の経歴と指導主事へのあこがれ

私は、1980年4月に東京都の中学校社会科教員として教員生活をスタートしました。そして、途中、日本人学校に3年勤務し、都立高校の教員を経

て、1995年に指導主事選考に合格し、その後14年間指導主事を、3年間指導課長を、8年間中学校の校長を経験してきました。

　ですから、私は教頭選考を経験していませんが、代わりに指導主事選考を受験しました。当時の指導主事選考は、1次選考で論文を3本（2000字×2本、1000字×1本）、2次選考で個人面接30分（その他、研究歴・業績等）となっていました。

　私が教頭選考ではなく指導主事選考を受験したのは、**指導主事に対するあこがれ**があったからです。

　教員になった年、初任者研修がありました。紺色のスーツをパリッと着こなし、弁舌爽やかに初任者を指導してくれる数人の男性がいました。私はこの人たちがどのような人物なのかよく理解していませんでしたが、後に「指導主事」と言われる人たちであり、「指導主事」は教員であることを知りました。

　それ以来、漠然と「将来は自分も指導主事になって若手の指導ができる教師になりたい」と思ったのが、指導主事になってみたいと思ったきっかけでした。

3　管理職になることへの不安

　と言いながら、実は、私は指導主事になるまでに3年かかりました。1年目は1次選考（論文）で不合格、2年目は2次選考（面接）で不合格、3年目にやっと合格という状態でした。それはなぜでしょうか。

　当時、私は高等学校で教員をしていましたが、管理職が学校経営にとても苦労していました。そのような管理職を見て、私はただ、「校長先生は大変だなあ！」「校長にはなりたくない！」と思っていました。

　しかし、私が指導主事選考を受験しようと思ったころ、東京都では指導主事選考に合格すると、教頭を経験せずに校長になるというシステムがとられていました。つまり、指導主事になれば、基本的に校長になるということでした。

　そのとき私が思ったことは、「たとえ指導主事になれたとしても、将来、校長になったときに、今のような厳しいなかで職務を全うできるのだろうか。教職員を説得、納得させて理想的な学校づくりができるのだろうか」ということでした。

そして、このような何ともあやふやな、中途半端な気持ちのままで見切り発車をし、とくに準備もしないまま指導主事選考に挑戦しました。見事（!?）に1次の論文選考で不合格でした。

2年目、自分としてはかなり力を入れて論文を書く練習をしました。先輩の先生方にもご指導いただきました。そして、何とか1次選考に合格し、2次の面接選考に進みました。しかし、ここでも見事（!?）に不合格でした。

4　3年目で自分に足りないものに気づく

ここまで来て私が気がついたのは、今の自分に足りないのは論文を書く力でも、面接を無難にこなす力でもない、管理職としてここは引いてはいけないというときには**毅然とした態度でやり切るという揺るぎない信念**であり、リーダーシップであるということでした。

そして、当初感じていた校長になることへの不安や、学校経営に対するモヤモヤした気持ちがあるうちは指導主事になる資格がないと思い、3年目は意識して校長先生や副校長（当時は教頭）先生の言動を注視しながら、**管理職のあるべき姿を自分なりに考えながら職務を行っていき**、3回目の選考を受験しました。

そのようななか、1995年の冬に4泊5日で修学旅行の引率で北海道に行きました。このとき、現地のスキー場で私のクラスの生徒が他校生に暴行を受け、頭蓋骨陥没の骨折をしてしまう事件に巻き込まれました。私は着の身着のまま救急車に同乗して2時間かけて生徒を札幌市の病院に搬送し、一人でそのまま3日間、付き添いました。

本隊の教頭先生と連絡を取りながらも、このようなとき管理職ならどうするのかを考えて、自分なりに判断して対応しようと懸命に努力しました。手術も無事に終わりホッとしていたころ、病院で待機していた私のもとに、学校の校長先生から「指導主事選考」合格の連絡が届きました。何か運命のようなものを感じました。

指導主事選考の受験を始めて3年目にして自分自身の迷いがなくなり、自分なりに**管理職としての自覚ができたとき**、その思いや姿勢が選考に生かされ、合格につながったと思いました。選考合格のためのテクニックではなく、**管理職になるという決意や信念の大切さ**を身をもって体験したのです。

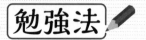

② 学校管理職に求められる 資質・能力とは

> ➡ **皆さんにお伝えしたいこと**
>
> ①管理職に求められる資質・能力について理解する
>
> ②受験する自治体が、管理職に求めている資質・能力を理解する
>
> ③自らが身につけたい管理職としての資質・能力を明確にし、日々の職務の中でどのようにそれを身につけていくかを具体的に考え、実践する

1 管理職のあるべき姿を学ぶ

　今回は、管理職に求められる資質・能力について考えていきます。皆さんは、管理職に必要な資質・能力をどのように考えますか。

　第1回でも触れたように、私が都立（工業）高校の教員として勤務していた当時は、管理職が学校経営にとても苦労する厳しい時期でした。

　そのような中、校長が職員会議の冒頭で、作業用の帽子を被って会議に出席していた工業科教員に対し、「会議の場なので、帽子を取りなさい」と言ったことがありました。

　そのとき私は、たとえ教職員との間が厳しい状況であっても、**躊躇することなく言い切れる**、そして**言い切らなければならない**のが管理職であると思いました。

　それまで何人もの校長に指導を受けてきましたが、このとき初めて校長の姿から、管理職のあるべき姿に気がついた思いでした。

2 私が考える管理職に必要な資質・能力

　次頁に、「管理職として大切にしたい10のポイント」を示しました。

これは何か書籍等から引用したものではなく、私自身が管理職として大切にして、日々実践してきたことをまとめたものです。

すべてやり切れていたかどうかはわかりませんが、指導主事や校長と

管理職として大切にしたい10のポイント

1	ダメなことはダメと明確に伝え、中途半端にしない
2	人任せにせず、自分で判断する
3	やると決めたら最後までやり切る
4	絶えず冷静でいる
5	嫌われることを厭わない
6	責任を転嫁しない
7	自らの非を認め、素直に謝罪する
8	人の話によく耳を傾ける
9	愚痴らない
10	誰にも、いつでも笑顔で明るく接する

して、これらのことに心がけて職務を行ってきました。

学校経営を進めていくうえで、管理職が決定した方針や取組に、すべての教職員・児童生徒・保護者・地域の方々が賛同してくれるかどうかはわかりません。十分に説明し、意見等を聴取しても、理解を得られないことはあります。それでも、**自分で判断し**、**決めたことをやり切らなければならない**のが管理職です。

そのためには、**強い信念**、**行動力**、そして、**日頃の周囲の人たちからの信頼**が不可欠です。孤独を感じることもあります。それに耐えて、教職員の先頭に立つのが管理職です。

このように考えたときに必要になる資質・能力が、ここに挙げたような10のポイントになると私は考えました。

厳しさを備えつつ、誰に対しても絶えず謙虚に丁寧に誠意をもって対応することによって、信頼され、ひいては自らが考える学校経営を実現させる管理職になることにつながると考えます。

紙幅の関係で一つ一つについての説明はできませんが、参考にしていただければと思います。

3 自治体が求める管理職の資質・能力

それぞれの自治体では、**教員育成指標**によって管理職に求める資質・能力

自治体が求める管理職の資質・能力（例）

東京都	宮城県	島根県
学校経営力	学校のリーダーとしての基本的な素養	高い教育理念と広い識見
外部折衝力	学校経営能力	学校経営
人材育成力	組織管理運営能力	学校管理・運営
教育者としての高い識見	外部連携能力	人材育成
特別支援への対応、他	人材育成能力	外部との連携・折衝
（出典）「東京都公立学校の校長・副校長及び教員としての資質の向上に関する指標」令和5年2月、東京都教育委員会	（出典）「みやぎの教員に求められる資質能力」平成30年3月、宮城県教育委員会	（出典）「島根県教員育成指標【管理職等】」令和5年2月、東京都教育委員会島根県教育委員会

を設定し明示しています。

　ここでは、「東京都」「宮城県」「島根県」の例を示しました。

　東京都では、学校マネジメント能力として「学校経営力」「外部折衝力」「人材育成力」「教育者としての高い識見」を挙げています。

　宮城県では、「学校のリーダーとしての基本的な素養」「学校経営能力」「組織管理運営能力」「外部連携能力」「人材育成能力」を挙げています。

　そして島根県では、「高い教育理念と広い識見」「学校経営」「学校管理・運営」「人材育成」「外部との連携・折衝」を挙げています。

　意図して選んだ3都県ではありませんが、共通点があることに気がつきます。簡単にまとめてみると、

●人として、教師として優れた、魅力的な人物
●リーダーシップを備えた学校経営力のある人物
●人材を育成できる人物
●円滑な連携、折衝ができるコミュニケーション力を備えた人物

などになります。

　これをさらに集約すると「**人間性**」「**リーダーシップ**」「**学校経営力**」「**対応力**」「**人材育成力**」「**コミュニケーション力**」になると思います。

　これらの事項は自治体を問わず、すべての管理職に求められる資質・能力であると考えてよいでしょう。

　これらを押さえたうえで、ぜひ皆さんが受験する自治体がどのような管理

職を求めているのか、教育委員会の発行物、ホームページ等を確認してみてください。

4　自らが理想とする管理職像の確立

　15頁で、私が考え、実践する中で確立してきた、管理職に必要と思われる資質・能力の10のポイントについてお示ししました。

　次に、すべての自治体の管理職に必要と思われる資質・能力があること、それぞれの自治体が求める資質・能力があることを見てきました。

　そこで、これらのことを参考にしながら、皆さんご自身が**理想とする管理職像を確立**してほしいと思います。

　これまでの経験や、ご指導いただいてきた管理職の先生方などの姿などを思い返しながら、管理職としてどのような資質・能力が必要と考えるのか、どのような管理職になりたいのか、**その理由も含めて明確に**してください。

　そして、それらを確実に身につけるために、具体的に**どのような手立てが考えられるか、日々の職務にどのように取り組んでいけばよいのか**を考えていただきたいと思います。

　私は、14頁で述べたような自身の体験から、「10のポイント」の1番目に挙げた「ダメなことはダメと明確に伝え、中途半端にしない」という点を、**管理職として最も必要で大切にしたい資質・能力と考え**、指導主事試験を受験しました。そして合格した後も、指導主事時代、校長時代とこのことを最も重視して職務にあたってきました。

　このように、まずは一つでもよいので、「これだけは！」というものを考えてみるとよいと思います。

　自分が確立した明確な信念のようなものがあると、論文試験の「あなたは管理職として具体的にどのように対応しますか」という問いや、面接試験の際の「管理職に求められる資質・能力は？」「あなたが理想とする管理職像は？」などの質問に対しても、自信をもって解答できるようになります。

　大切なのは、頭で考えるだけではなく、日々の職務を通して、また、日々指導を受けている管理職の姿から、管理職に求められる資質・能力について**実践的に学び、身につける**ことです。

③ 日々の職務への取り組み方

➡ 皆さんにお伝えしたいこと

①自校の管理職の姿から学ぶ

②自校でのさまざまな対応を通して、管理職としての具体的な対応策を学ぶ

③管理職を意識した日々の実践が、管理職としての資質・能力の育成につながる

選考の合格はゴールではない

　管理職になるためには、選考に合格しなければなりません。そして選考に合格するには、論文を書いたり、面接を受けたりしなければなりません。ですから当然、これらに対応するための準備が必要になります。

　ただ、このような準備を万全に行い選考に合格しても、**それがゴールではありません**。そこでやっと管理職のスタートラインに立つことができるだけです。

　管理職になったその日から、教職員、児童生徒、保護者、そして地域の方々に信頼され、指導力を発揮し、校長であれば自分が理想とする学校経営や学校づくりを行い、教頭であれば校長を支え、教職員の先頭に立って活躍することが求められます。

　つまり、管理職をめざす以上は、**校長・教頭として職務を進めていく自分の姿を具体的にイメージしておく**必要があり、そうした準備が選考の合格にもつながるのです。

　今回は、管理職をめざすうえで、日頃からどのように日々の職務に取り組み、準備していけばよいのかを考えていきます。

2 私が教諭時代に大切にしてきたこと

(1) 自校の管理職の姿から学ぶ

私は、受験を考えていた頃、東京の都立高等学校で勤務していました。

前回も触れたように、私は自分が勤務していた学校の校長先生から、人間性、一教師としての魅力、管理職に求められる資質・能力など多くを学んできました。将来の校長としてのロールモデルが目の前にありました。

ぜひ現在、**教諭の方は教頭先生の、教頭の方は校長先生の言動に注意を払い、そこから多くを学んでください**。もちろん、場合によっては自分の考えは違う、校長先生の対応よりもっとよい対応策がある、という場合もあるはずです。その際は自分の考えを伝え、指導を受けるのもよいでしょう。

この管理職の姿からの学び方については、次回「校長・教頭の立場の身につけ方」でさらに詳しく述べます。

(2) 管理職としての対応策を考える

学校では日々さまざまな対応があり、事故や事件等が発生します。私は、直接自分が関わっていなくても、日々の対応や校内で発生したさまざまな事故や事件に際し、**もし自分が管理職だったらどのように対応するだろうか**と考えるようにしました。

そして、自分が考えた対応策が実際の学校の対応と比較してどうなのかを確認するようにしました。そして、**自分の足りなかったところがあればその部分をしっかり頭に叩き込み**、その後の対応に生かすようにしました。

ここで大切なのは、今の自分の立場ではなく、教諭の方は教頭として、教頭の方は校長として、どのように考え対応していくかを絶えず考えるようにすることです。

(3) 与えられた職務に全力を尽くす

以前にも述べましたが、**素晴らしい管理職になるためには、素晴らしい教師であること**が求められます。素晴らしい教師だった方は、管理職になっても素晴らしい管理職になります。

ですから私は日頃から、まず児童生徒に対しては魅力的でわかりやすい授業に心がけ、いじめや不登校、中途退学をはじめ、さまざまな課題に迅速かつ適切に誠意をもって対応し、すべての子どもたちが安全・安心な学校生活が送れるように配慮してきました。

次に教職員のなかでは、校務分掌で与えられた仕事は確実にこなし、他の教職員にも絶えず気を配り、困っていたり悩んでいたりしたら可能な限り力になってきたつもりです。日頃は絶えず謙虚に接し、ここというときには言いにくいことでもきっちり伝えるよう心がけてきました。時と場合によっては、毅然とした言動が求められます。

さらに保護者や地域に対しては、思いや願いに謙虚に耳を傾け、誠意をもって迅速で丁寧な対応に心がけてきました。

管理職からだけでなく、**児童生徒、教職員、保護者や地域の方々からも評価されるような教諭、教頭になること**が、管理職をめざすためには必要不可欠です。ですから最近では、論文や面接の選考だけでなく、業績評価を重視する自治体も多くなってきているのだろうと思います。

⑷　**自分が管理職になったときの姿を絶えずイメージする**

管理職選考受験の目的は、選考試験に合格することだけではありません。

選考試験に合格して素晴らしい管理職になり、教職員が生き生きと職務を遂行できる学校、子どもたちが毎日、安全・安心に楽しく充実した学校生活を送れる学校、保護者や地域からも全幅の信頼を得られる学校などを創り上げることが、**最終的な目的**になるはずです。

そのため私は日頃から、自校の管理職の姿、自らの実践、教職員・子ども・保護者や地域の方々との関わりのなかで、「**こんな教頭（校長）になりたい**」（私の場合は指導主事でしたが）**というイメージをもちながら**、その実現のために日頃からできることをやろうと思って実践してきました。

このようなイメージづくり、そしてそれらをふまえた実践は、管理職選考の「論文対策」や「面接対策」にも生きてくるはずです。

日々心がける必要があること

	具体的な日々の取組
人間性	誠実さ、豊かな感性、教養・常識、規範意識、バランス感覚など
指導力	授業、生徒指導、人材育成など
対応力	コミュニケーション力、校務処理、地域・保護者、諸課題など
危機管理能力	事件・事故対応、クレーム対応、災害など
上司との関係	経営方針の理解、それをふまえた対応、的確な報告、必要事項の漏れのない連絡、策をもった相談など

3　管理職になるために、日々心がける必要があること

　管理職になってからではなく、**教諭や教頭のときから心がける必要がある**ことを、左下の表にまとめてみました。

　そして、さらにこれらのことを日々の職務の中でどのように考え、実践したり、努力したりしていけばよいのかを、チェックリストの形式でまとめてみました。参考にしてください。

(1)　人間性

　□　いつも、誰に対しても誠意をもって、誠実に対応しているか

　□　言いにくいことでも、必要があればきちんと言えているか

　□　間違ったこと、いけないことについては毅然と対応できているか

(2)　指導力

　□　教職員の相談に乗ったり、教職員の育成に関わったりしているか

　□　日々、子どもたちがよくわかる、楽しいと思える授業を行っているか

　□　指導の難しい子どもにも、きちんと指導ができているか

(3)　対応力

　□　どのような対応もミスなくこなしているか

　□　保護者や地域からの難しい苦情等に迅速、かつ丁寧に対応しているか

　□　文書の処理はきちんと行えているか

　□　わかりやすく、読みやすく、誤字脱字のない文書を作成しているか

　□　提出物は、間違いのないものを期限に余裕をもって提出しているか

(4)　危機管理能力

　□　絶えず、最悪のことを考えて最善を尽くしているか

　□　事件や事故が起こったときには迅速、適切に処理しているか

(5)　上司との関係

　□　校長の学校経営方針を理解し、その実現に努力しているか

　□　報告・連絡・相談は時宜を逃さず、適切に行っているか

　□　上司の言いなりではなく、自分の意見や考えをしっかり伝えているか

　□　自分の策をもって、上司に提案しているか

　今回お示ししたことを、日々、絶えず意識して実践することによって、管理職に求められる資質や能力が自然と身につくようになると考えます。

④ 校長・教頭の立場の身につけ方

➡ 皆さんにお伝えしたいこと

①自校の管理職の姿から学ぶ

②受験する職としての立場、対応策を考える

③管理職になった自分の姿をイメージしながら日々の職務にあたる

④日々の職務と関連させながら、法令等に触れる習慣を身につける

　今回のテーマは、「校長・教頭の立場の身につけ方」です。私は、このテーマには2つの意味があると考えます。

　第一に、管理職選考に合格するためには、**具体的な校長や教頭の立場や対応について理解する必要がある**ということです。

　第二に、辞令を受けたそのときから、**校長として、教頭としての責任を果たせるようにしておく必要がある**ということです。

　任用前研修等の制度はあるかもしれませんが、原則として管理職に見習い期間はありません。管理職選考の受験を決意したときから、日々の実践の中で意識して校長や教頭の立場を身につける努力が求められるのです。

1　自校の校長・教頭の姿から学ぶこと

　私が受験したのは指導主事選考（今は制度が変わっています）でしたが、学校に常時派遣されているわけではないので、指導主事の実際の姿から学ぶ機会は限られていました。

　しかし、校長選考・教頭選考を受験する方にとっては、ロールモデルとなる対象がいつも勤務校に存在しています。ですから、**毎日が管理職としての立場を身につける場になり得る**のです。

　第3回でも述べたように、管理職選考の合格のためには、日々の職務を通

じた管理職としての資質・能力の習得が欠かせません。

　ぜひ、校長選考の受験者は自校の校長先生、教頭選考の受験者は自校の教頭先生の言動から、学校経営のあり方、日々の言動、教職員・児童生徒・保護者・地域とのかかわり方、事故や事件の対応など、さまざまなことを学んでください。

2　管理職としての対応を具体的に考えること

　管理職選考の論文選考や面接選考の際に、「**あなたは校長（教頭）として、どのように対応しますか**」と質問されます。

　その際、教頭選考なのに対応策が教諭の立場からの回答であったり、校長選考なのに教頭や教諭の立場からの回答であったりする例が見られます。

　これは、管理職選考では致命傷になってしまいます。また、もしこの方が管理職になったとしても、組織を動かし、学校全体を動かす対応策を提示し実行することは難しいでしょう。

　ぜひ、日々の対応や学校で起こる様々な事件や事故に際して、自分が直接かかわっていないことであっても、**管理職はどのように対応するのだろうかと具体的に考えてみてください**。そして、**自分が考えた対応策をぜひ書き出してみてください**。

　そのうえで、実際に皆さんの学校の**管理職がどのように対応したのかを確認してください**。もし自分が考えた方策に**足りなかった部分があれば、メモを追加しておいてください**。このようなメモの積み重ねが、管理職選考にも生きてきます。

　なお、管理職としての対応策を考える際の視点を右表にあげました。

　大切なことは、個々への働きかけの前に、管理職は**組織に働きかけたり、組織を動かしたりすることを考**

管理職としての対応策を考える視点
● 校長（教頭）への報告・連絡・相談、上司の指示
● 運営委員会のメンバーへの働きかけ・指導
● 主任への働きかけ・指導
● 個々の教職員への働きかけ・指導
● PTA、地域との連携・協力
● 関係機関との連携
● 教育委員会への報告、連絡、相談

える必要があるということです。そのうえで、必要がある場合は個別に丁寧に対応します。

　繰り返しになりますが、受験する立場に立った具体的な対応策が求められることを、忘れないでください。

3　法的根拠、裏づけを常に考えること

　管理職は、さまざまな場面で瞬時に状況を判断し、具体的な対応策を考え、教職員や子ども、保護者、地域の方々に対して説明していかなければなりません。

　なぜ、そのように考え、対応するのか。ただの思いつきというのでは説得力がありません。どのような場合でも**根拠や裏づけが必要**になります。そして、その一番基本になるのが、さまざまな**法令や教育委員会から発出される文書**です。

　どのような法令があるのか、また、教育委員会からどのような文書が発出されているのかは、教諭の立場にある方にとってはなかなかなじみがありませんし、一朝一夕で理解できるものでも、身につくものでもありません。

　さまざまな場面で、法令や教育委員会からの文書に目を通す習慣を身につけることが大切です。

　そして、ただ目を通すというのはなかなか難しいと思いますので、文書作成、事故、感染症など**何か対応が必要となったとき**に、「この法的な根拠はどこにあるのか？」というように**折に触れて確認する**のが効果的です。法規集のようなものを手元に置いて読んでいってもなかなか頭に入りませんし、時間も限られています。日々の実践の中で身につけていくのが一番です。

4　「YES MAN」にならないこと

　上司の職務上の命令には従わなければなりません。しかし、上司に疑問をぶつけたり、意見を申し述べたりするのは、決していけないことではありません。管理職にとっても意見をもらうことは、視野を広げたり、自らの方針を修正したりすることにつながります。

　私も校長時代、副校長先生や教職員から意見をもらい、参考にさせてもら

ったり、助けてもらったりしたのは一度や二度ではありません。

　ぜひ、謙虚さ、素直さを忘れず、YES MANになってしまわずに、自分の考えを管理職に伝えてみてください。

　場合によっては、その考えに対して指導を受けることもあるかもしれません。ただ、そこで一つ学んだと思えばよいのです。

5　校長・教頭の立場を身につけるためのポイント

　最後に、私の経験上、管理職に向いている方とそうではない方の対応を一覧にしてみました。

管理職をめざす方に求められる日々の姿勢	管理職に向かない方の日々の姿勢
あいさつができる（誰にでも、大きな声で、さわやかに）	あいさつができない、声が小さい（視線が合わせられない）
魅力的な人、教師になるよう日々努力している	自分は自分であり、どのように思われようとかまわないと考えている
他の教員が嫌がる仕事、面倒な仕事などに積極的に取り組んでいる	面倒な仕事や生徒指導などには、できるだけかかわらないようにしている
自分が校長（教頭）ならどうするかという発想で対応している	自分が置かれた立場での対応に心掛けている
日頃からリーダーシップを発揮している	教諭の一人という発想で精一杯対応している
上司だけでなく、児童生徒、同僚、保護者、地域の方々にも同様に、丁寧に謙虚に誠意をもって対応している	上司に対しては謙虚に丁寧に接しているが、児童生徒、同僚、保護者、地域の方々への対応には誠意が感じられない

　左側の欄をご覧ください。きっと、こうした姿勢で日々活躍されている先生は、皆さんの周りにもたくさんいらっしゃるのではないでしょうか。このような先生は、子どもにも、教職員にも、保護者・地域の方々からも**信頼を得ている**はずです。そして、このような方に校長や教頭になってほしいと思うはずです。

　一方、少数かもしれませんが、右側の欄に示したような先生も、残念ながら皆さんの周りにいるかもしれません。しかし、このような方が「私は管理職をめざしている！」と明言していたとしても、賛同できないはずです。

　ぜひ、上の表にまとめたことを意識しながら、「1～4」の内容を日々実践し、誰からも認められ、信頼される校長や教頭をめざしてください。

学校管理職になるための 勉強法

⑤ 学校課題の解決策の考え方

皆さんにお伝えしたいこと

①課題の対応の基本は「最悪の事態を考えて最善を尽くす」

②課題の解決には、迅速・丁寧、そして誠意をもって対応する

③現職と受験する職の立場の違いを明確にして対応策を具体的に考える

1 学校課題の解決に向けて

　私は現職時代、教職員の「こんなことになるとは思わなかった！」とか「私はちゃんと指導したんですけどね……」といった言葉をよく耳にしました。

　しかし、皆さんが管理職になったとしたら、自分や教職員がこのような言葉を口にするような事態は絶対に避けたいと思うはずです。

　私もそうでした。ですから私はいつも**「最悪の事態を考えて最善を尽くす」**ように心がけてきましたし、教職員にもそのように伝え対応をお願いし、そのスタンスで教職員を全面的に支援してきました。

　たとえば、運動会の練習をしていて、子どもが転んで足が痛いと言うような場合、「大丈夫、大したことはない」ではなく、「もしかしたら骨折しているかもしれない」と考えて対応すれば、冒頭で述べたような思いをしなくて済みます。

　また、子ども間のいじめが発覚した際、被害者が最悪の行動にでてしまったらと考えて最大限の配慮をし、迅速・丁寧な対応をすれば、大事に至らずに済むはずです。

2 課題解決に向けた基本的な姿勢

　次頁の表に、学校での日々の対応、そして事件や事故の対応の際に大切にしたい点を一覧にしてまとめました。これらは管理職と教職員の別なく大切

課題解決を考える際のポイント

課題を解決に導く対応	解決を難しくする対応
誠実・迅速・丁寧	不誠実、先延ばし
逃げない、言い訳をしない	対応を避ける、言い訳をする
組織的対応	個人プレー
自己の問題としてのとらえ	他人任せ、責任転嫁
意思・指示の明確化	曖昧な指示・態度
相手の思い・願いの重視	自己主張・自己保身
継続性	行き当たりばったり
対応策の明確化	見えない具体策
報告・連絡・相談の徹底	情報が伝わらない、見えない

なポイントです。ぜひ現在の職でも、また管理職になったときにも絶えず念頭に置いて対応してほしいと思います。

　とくに管理職の立場で考えたときに重視したい点は、以下の4点になります。1点目は、「誠実さ」です。教職員任せにせず、また必要に応じて対応の矢面に立つ気概が必要です。そして先延ばしにせず、迅速・丁寧に対応することです。**先延ばしにすればするほど事態はこじれ、対応はより難しくなり、解決にさらに長い時間と労力を要することになります。**

　2点目は、「**組織を動かす**」ことです。場合によっては管理職が自分で対応してしまった方が早いケースもあります。ただ、それでは教職員は育ちません。**教職員に対して明確に方向性を示し、的確で具体的な指示を与え、対応を見守ります。**そして、きちっとやり切ったときはしっかりと褒めたり、ねぎらいの言葉をかけたりします。もし間違ったり、不充分だったりする対応があれば、改善点を明確に示し、改めて対応を促します。任せきりにせず、絶えず状況を見守ります。

　一応対応が完結したとしても、そこで安心せずしばらくは様子を見て、**完全に解決・解消したことを確認するまで管理職としても配慮を怠らず、粘り強く対応を続ける必要があります。**

　3点目は、「**対応の具体策を明確にする**」ことです。対応しなければならないとわかっても、その具体策を示して、教職員が一丸となって対応しなければ問題は解決しません。まず、対応の具体策を明確にする、そしてその具体策を教職員だけでなく、子どもや保護者等にも示し理解を得る、対応策が確実に行われて成果をあげているのかどうかを明らかにする、必要に応じて対応策を見直しさらに対応にあたる、などが大切です。

4点目は、「当事者の思いや願いを十分に聴き取り、それらをふまえた対応をする」、そして「対応から逃げない」ことです。逃げればさらに追い詰められ、言い訳をすればさらに追及されます。理不尽な要求をする保護者を「モンスターペアレント」と言いますが、その前に**理不尽な、誠意のない対応をする「モンスターティーチャー」**にならないようにと、私は校長のときに教職員に言い続けてきました。誠実な対応が何より大切です。

3　課題の整理と対応策の考え方

(1)　管理職選考に向けてまとめておく必要がある課題

　それでは次に、管理職選考に向けてどのような課題について対応策を考えればよいのかを見ていきます。

　以下の①～④にあげた課題の詳細については、本誌のような管理職選考対策誌や書籍等を参照していただき、ここでは把握の仕方を説明します。

①自校の課題

　自校の課題は、面接試験で必ずと言ってよいくらい質問されますし、論文試験でも「自校の課題をふまえて」という形で出題されます。学校によって課題は異なりますが、いじめ、不登校、学校の小規模化、若手教員の育成、この時期であればコロナ禍での学校の対応なども考えられます。学校評価の結果等も参考にして考えてみるとよいと思います。

　なお、自校の教育目標、校長の経営方針、いじめや不登校等のここ数年の実数も把握しておきましょう。

②自治体の課題

　ご自身の自治体の教育振興基本計画、教育ビジョン等、学校教育の根幹をなすものについて確認してください。自治体のホームページ等で確認が可能なものが多いはずです。年度によって、また数年のスパンで更新されるものもあるので、最新のものを確認するようにしてください。

③全国的な課題

　国の教育施策等は、文部科学省のホームページや雑誌・書籍等で確認してください。また、事件や事故など、テレビ、ラジオ、新聞等で取り上げられる教育の話題についても把握しておく必要があります。

④不易の部分

　学習指導要領、学力向上、地域との連携、子どもの社会性の育成など、学

校に求められる不易の部分についても整理をしておいてください。

(2) 課題解決に向けた具体的な対応策の考え方

　これらの課題解決に向けて具体的な対応策を考える際、まずは自校の管理職や先輩の先生方から学ぶことが大切です。そのうえで、様々な雑誌・書籍等から学ぶこともできます。それらをふまえながら、皆さん自身で独自の対応策を考えていただきたいと思います。

　課題の問われ方によって「現職の立場からの対応策」と「受験する職の立場からの対応策」の両者が求められますが、管理職選考でとくに大切なのは、**「受験する職の立場からの具体的な対応策」を自分で考え、自分の言葉で自信をもって答えられるようにすること**です。

　しかし、受験者の論文を読んだり面接で質問したりした際に、受験する職の立場からの対応策になっていなかったり、対応に具体性がなかったりするケースが結構多く見受けられます。

　とくに多いのが、下図の左側「抽象的な対応の例」に示したことだけを答えるケースです。

抽象的な対応の例		管理職としての対応の考え方		管理職としての具体的な対応策
・リーダーシップの発揮 ・研修の充実 ・働き方改革の推進 ・風通しのよい職員室づくり ・教職員への支援 ・いじめゼロ、不登校ゼロ ・服務事故ゼロ ・ICTの活用	＋	・率先垂範 ・方針、具体策を示す ・分掌への指示、働きかけ ・主任への指示、働きかけ ・教職員とのコミュニケーション ・PTA、地域等との連携 ・関係機関との連携 ・教職員への指導の継続	＝	管理職としての具体的な対応策

　そこで、**「抽象的な対応の例」に、「管理職としての対応の考え方」を組み合わせることで、「管理職としての具体的な対応策」を考えてみてください。**

　たとえば、「管理職としてリーダーシップを発揮する」と答える場合に、「リーダーシップとは何か？」「具体的にどのようにリーダーシップを発揮するのか？」についても掘り下げていくのです。

　さらに、分掌や主任への働きかけ、教職員とのコミュニケーション、PTAや地域との連携などの視点から具体策を考えていけば、抽象論にとどまらない、より具体的な対応策が考えられるようになるでしょう。

⑥ 勉強時間の捻出方法と 選考試験の概要

➡ 皆さんにお伝えしたいこと

①「忙しい」「時間がない」は禁句にする

②忙しい中で勉強時間を捻出する工夫をする

③受験する自治体の選考方法をよく確認する

④業績評価も重要であり、人間性を磨き職務に励む

1 「忙しい」「時間がない」は禁句

　私が学校や教育委員会に勤務していたとき、教職員同士だけでなく、子ども、保護者、地域の人たちの前でも、「忙しい」「時間がない」と口にする教職員を目の当たりにしてきました。

　私は、忙しいのはあなただけではない、決して教師だけではない。そして、たとえどんなに忙しくても、時間は自分で創り出すものと思っていました。

　また、管理職がいつも忙しそうにしていたり、人前で愚痴っていたりしたら、教職員は腰を据えて気持ちよく職務に専念できません。

　ですから私は、人前で「忙しい」「時間がない」という言葉は言わないように心がけていました。そして、忙しいとき、精神的に追い込まれているようなときほど、人前では落ち着いて、冷静さを装うようにしていました。

2 管理職選考に向けた勉強時間の捻出方法

　とは言え、管理職選考を受験する立場にある方は、要職についていたり、重要な仕事を任されたりしていますので、当然、「忙しい」「時間がない」状態のはずです。

　そうしたなかで、勉強する時間を捻出するための工夫を見ていきましょう。

⑴　朝1時間早く起きて机に向かう

　一日の仕事を終えて帰宅し食事をすると、なかなか机に向かおうという意欲が起きなくなってしまうものです。

　そこで、私は指導主事選考を受験しようと決意したときから、**毎朝１時間早く起床して机に向かう**ようにしました。慣れるまでは、起きることも机に向かうことも辛く感じましたが、慣れてしまえば頭はさえていますし、春から夏にかけては日の出も早いので、気持ちよく集中して学ぶことができました。１時間早く家を出て、落ち着ける店舗を活用するのも一つの方法です。

⑵　**通勤の往復の時間を活用する**

　幸か不幸か、私は片道２時間弱の電車通勤をしていて、往路は新書本、復路は趣味の小説を読んでいました。しかし受験を決意してからは「**この時間を活用しないのはもったいない**」と思い、次のように取り組みました。

　論文対策としては、事前に設定しておいたテーマについて頭のなかで構成を練ったり、実際に記述する内容を考えたりしました。そして、復路は車内で論文の下書きをしたりしました。

　面接対策としては、質問項目をカード状のものにまとめておき、それを見ながら、面接官に質問されたつもりで頭のなかで答えるイメージトレーニングをしたりしました。同様の方法で、教育法規の勉強もできるでしょう。

　このようにして、通勤の車内も有効な学習の場となりました。

⑶　**毎日時間を決めて机に向かう**

　帰宅後、１時間も２時間も机に向かうのは厳しいと思います。そこで、帰宅前に時間があれば地域の図書館に行ったり、落ち着ける店舗等を活用したり、「寝る前の30分」と時間を決めて対策を講じることも一つの方法です。

　ポイントは、毎日継続することです。「今日はやるけど、明日は休み」というのでは継続は難しいですし、効率も上がりません。

　いずれにしても「時間がない」なかで、いかにして時間を捻出するかが問われます。「準備する時間がなかったので不合格になった」という言い訳はしないようにしましょう。

⑷　**勉強するうえで配慮すべきこと**

　今、働き方改革が叫ばれており、各学校でもいろいろな取組が行われていることと思います。管理職選考の受験を考えている皆さんは、退勤される時間も遅くなりがちかもしれませんが、これを機会に自らの業務について、働き方改革の視点から見直してみてもよいかもしれません。

また、受験者が多く選考倍率が高かったり、選考直前になると、時間的にも精神的にも余裕がなくなったりしてきます。しかし、受験を前に落ち着いて職務に向き合えなくなったり、職務を疎かにしたり、というようなことがあってはなりません。

いろいろな人たちに絶えず見られているという意識をもちながら、職務に向き合う必要があります。

3　選考方法の把握と準備

⑴　勤務する自治体の出題内容の把握

次に、選考試験の出題内容について見ていきましょう。

多くの自治体で論文試験と面接試験が課されており、法規等の筆記試験を行う自治体もあります。

論文については、選考会場で課題を出され時間内に論文を完成させる形式だけでなく、事前に課題が提示され期日までに提出する形式もあります。

どちらの形式かで準備の仕方も変わってきます。前者の場合は、管理職が直面する様々なテーマについて考えておく必要があります。後者の場合は、自治体が課題とする重要テーマについて深く考察することが求められます。

面接については、受験者１名に対して行う個人面接、受験者数名に対して行う集団面接、受験者数名に対してテーマを与えて討議させその様子を面接官が評価する集団討論、などの形式があります。どの形式も面接官３～４名程度で行われます。

また、**法規等の筆記試験**が出題される場合、その傾向や出題形式は自治体によって大きく異なります。

論文や面接も含めて、どのような試験が課されるのか事前に調べたり、自校の校長先生や教頭先生等に確認したりして、準備する必要があります。

⑵　日頃の言動の重要性

次頁の表を見るとわかるように、面接試験では個人面接を実施している自治体が多くなっています。それも１回ではなく、複数回実施しているところもあり、**人物重視の選考**が行われていることがわかります。

人物重視ということは、**日頃の言動が重要**になります。５～10分の面接であれば、１次試験に合格した後、面接に向けた準備を万全にすれば何とか乗り切れるかもしれません。

全国の各自治体の面接選考の実施状況

校 長 選 考			教 頭 選 考		
個人面接	集団面接	集団討論	個人面接	集団面接	集団討論
35	5	5	35	5	7
把握自治体数36			把握自治体数37		

○個人面接を複数回実施する自治体 ：校長選考　15、教頭選考　8
○個人面接と集団面接、集団討論を行う自治体：校長選考　7、教頭選考　8
（注）この表は、出典の中の「都道府県別の面接対策－質問傾向と質問例－」をもとに作成しており、出典に掲載されていない自治体が面接選考を実施していないわけではない。
出典：学校管理職研究会編『2024学校管理職選考面接合格対策集』教育開発研究所 2023年7月

しかし、人物をじっくり評価するために、30分程度の時間設定だったり、複数回の面接を実施している場合は、そうはいきません。

> **日頃の言動を振り返ってみて**
> ・　あいさつはしっかりできるか
> ・　誰に対しても明るく笑顔で対応しているか
> ・　人とのコミュニケーションはとれているか
> ・　机の整理整頓はできているか
> ・　期日に余裕をもって提出物を提出しているか
> ・　丁寧な文字を書いているか
> ・　人の話をきちんと聴いているか
> ・　保護者や地域の方々と良好な人間関係を築けているか
> ・　日頃からメモをとる習慣があるか

　ですから、右の一覧を参考にご自身の日頃の言動を見直し、必要に応じて改善していってください。それが管理職選考の合格につながります。

⑶　業績評価への配慮

　自治体の配点基準にもよりますが、人物重視に併せて、**日頃の業績評価**も管理職選考で重視されることがあります。

　教員採用選考に合格したものの、子どもたちへの指導や教職員との関係性で悩んでしまう若手教員のように、管理職選考の論文や面接の試験を何とか切り抜けても、現場に出てから教職員への指導や日々のコミュニケーションなどで問題が生じてしまうことがあります。

　そこで自治体によっては、間違いない人を合格させるため、業績評価をもとに日頃の職務に取り組む姿勢、指導力、コミュニケーション能力などについて判断し、選考に活かしています。場合によっては、論文や面接の結果よりも重視している自治体もあるかもしれません。

　論文や面接の準備をするとともに、**日頃の職務に誠意をもって臨む**ことが、管理職選考の合格への一番の近道であると認識しておく必要があります。

⑦ 教育法規と 教育時事の学び方

➡ 皆さんにお伝えしたいこと

①教育法規は、日々の職務に関連させながら理解する
②教育時事は、情報メディアで日々チェックする習慣を身につける
③得た知識をもとに、自身の見解や対応策等を準備しておく

　私が中学校で校長をしていたときのことです。

　ある生徒から、父親から虐待を受けているという訴えがありました。確認すると、身体にも明らかに暴行による傷や痣が認められます。そこですぐに児童相談所に通告し、そのまま生徒を保護してもらいました。

　そのあと、児童相談所から連絡を受けた父親がものすごい剣幕で学校にやってきて「なぜ、勝手に児童相談所に連絡した！」と訴えました。

　私は、法律（児童虐待の防止等に関する法律）により、子どもが「虐待を受けたケース」はもちろん、**「虐待を受けたと思われるケース」であっても通告しなければならない**と定められていること、もし虐待の可能性があるにもかかわらず通告せずに放置すれば、私が法を犯すことになってしまうことを伝えました。すると父親は、それ以上何も言えず帰って行きました。

　法律を知っていたからこそ、私は**毅然と対応する**ことができたのです。このように、教育法規を理解しておくと、わが身を守ることにも直結します。

1 「教育法規」を学ぶ意義

　教員は日頃、法律を意識しながら仕事をしていないので、教育法規に触れる機会は少ないし、どうしても苦手意識をもってしまいます。

　しかし、学校教育にコンプライアンス（法令遵守）が求められるなか、とくに管理職は**教育にかかわるさまざまな法律を理解しておく必要がありま**

す。また、教育法規の理解は、服務事故をはじめ、さまざまな事故を防いだり、自分だけでなく教職員を守ったりすることにもつながります。

　さらには、管理職として教職員、保護者や地域の方々にいろいろと依頼をしたり、場合によっては説得したりする必要性に迫られます。その際、その根拠になるのが教育法規になることも多々あります。「このように決まっていますから、よろしくお願いします」では、納得してもらえなかったり、不信感をもたれてしまったりするかもしれません。しかし、**関係法令等に触れた説明**によって、理解を得たり、説得力が増したりもします。

2　「教育法規」の学び方

⑴　学校にかかわる基本的な法規の理解

　はじめのうちは、どのような教育法規にあたればよいのかわからないと思います。そこで、まずは日々の学校での職務に関連する事項で確認しておきたい７つの項目について例示してみました。

①校長・教頭（副校長）の職務とは？
②一学級あたりの児童生徒数の標準は何人か？（学年・学校種別に要確認）
③教科書を使わないことは許されるか？
④指導要録の保存年限は？
⑤いじめの定義は？
⑥研修の法的な位置づけは？
⑦健康診断はいつやってもよいのか？

　ここに挙げたすべての事項について、教育法規に規定があります。下に根拠となる条文を載せておきましたので、確認してみてください。

　このように、さまざまな事項について、**どのような法令に、どのように規定されているのかという視点で学校を見直す**ようにするとよいと思います。教育法規についての理解が深まると、さらに調べてみようという気持ちにもなりますし、法律等を意識した言動が身についてくるはずです。

---

①学校教育法37条４〜８項　②義務標準法３条２項　③学校教育法34条　④学校教育法施行規則28条２項　⑤いじめ防止対策推進法２条　⑥教育基本法９条、教育公務員特例法21条、22条　⑦学校保健安全法施行規則５条

⑵　書籍等を通した理解

　教育法規について、日々の職務を通して確認する以外に、教育管理職向け
にまとめてある書籍等を活用し、理解を深める必要もあります。

　自分にとって、最も使い勝手がよさそうなものを選び、それを**繰り返し、
日々の職務とも関連させながら確認して**、教育法規についての理解を深めて
ください。

　けっして、一朝一夕に身につくものではありません。ぜひ、継続して時間
をかけて勉強してください。そして、管理職になった後も、「教育六法」な
どを手元に置いておき、**折に触れて確認する**ようにしてください。

3　「教育時事」を学ぶ意義

⑴　政治、経済、社会の動向の把握

　社会は大きく変化しています。しかし、教師は学校の中にいると、それら
の変化になかなか気がつきませんし、また、変化の状況を知らなくても、日々
の職務を遂行していくうえでとくに問題を感じないかもしれません。

　しかし学校は、子どもたちに**変化の激しい社会で生きていくための資質や
能力**を育成していかなければなりません。とくに管理職はどのように社会が
変化しているのか、そしてそのためにどのように日々指導していくことが求
められているのかを自ら考え、具体策を示していくことが求められます。

　そのためには、教育時事についての理解はもちろんですが、それ以前に、
政治、経済、社会の動きにも目を向ける必要があるのです。

⑵　学校教育の動向の把握と自校の改革や実践

　教育時事の理解を通して、**現在の学校教育の動向や課題等を把握できます**。
たとえば、働き方改革、ICT活用、部活動等のあり方について、どのような
考えのもとどのような方針が示され、どのように改革が進められようとして
いるのかがわかります。また、全国の先進的な取組、教職員の服務事故、さ
らには児童生徒の問題行動等についても把握できます。

　ただし、単に状況を理解するだけではいけません。大切なのは、**その事実
をどうとらえ**、社会や保護者・地域の方々の思いや願いもふまえながら、**管
理職として自校の対応策をどう考えるか**です。さらに、その対応策を教職員
に示し、学校改革や教職員の意識改革、児童生徒の指導の充実、事故防止等
を行っていく必要があります。

4 「教育時事」の学び方

(1) テレビ、ラジオ、インターネット等の活用

　たとえば、毎朝、必ずテレビやラジオ等でニュースを視聴する習慣を身につけるだけでも、重要な情報は収集できます。通勤の時間等を活用して、スマートフォンなどで毎朝確認するのも有効です。

(2) 新聞、雑誌等の活用

　新聞は一般紙でもよいと思いますし、教育の専門紙もあります。これらを(1)と併用することで、より深く教育時事について理解を深められます。

　また、教育の専門雑誌もさまざま発行されています。このようなものに目を通すことで、より専門的な教育問題についての理解が可能になります。

(3) 文部科学省、各自治体の情報把握

　文部科学省からさまざまな法令、通知等が、また各自治体でもさまざまな通知、情報等が発出されています。これらを確認することで、その時々の**国や各自治体での学校教育等にかかわる課題や情報**を得られます。管理職選考では、各自治体の取組や課題について問われることも多々あります。

　ぜひ、インターネットで確認したり、学校に届くさまざまな書類等に目を通したりするようにしてください。

(4) 管理職選考での問われ方とその対応

　現在の学校教育をめぐる主なキーワードを、右下にまとめました。

　この他にも日々、全国で起こっているさまざまな出来事について把握する必要があります。とくに面接では、**面接当日に起こったことも質問される可能性があります**ので注意が必要です。

　そして、ただ教育時事を把握しておくだけではなく、その事象についての自身の見解、管理職としての対応策等を、併せて準備しておいてください。

学校教育のキーワード
①令和の日本型学校教育
②新たな教師の学びの姿
③個別最適な学び、協働的な学び
④主体的・対話的で深い学び
⑤社会に開かれた教育課程
⑥働き方改革、部活動改革
⑦いじめ、不登校

⑧ 論文試験の勉強法

⮕ 皆さんにお伝えしたいこと

①受験する自治体の、論文試験の出題方法・傾向等を把握する

②題意を正しく把握し、校長・教頭の立場で記述する

③作成後は、管理職等の添削を受け、完成度の高い論文に仕上げる

　管理職選考に論文試験が課される場合、事前に提出する形式と、試験当日に会場に出向いて論文を作成する一般的な試験形式があります。

　前者であれば、事前に自分で調べたり、いろいろな方に指導を受けたりして時間をかけて論文を作成できます。

　しかし後者は、どのような課題が課されるかわからず、時間内に題意をしっかりと読み取り、論文を作成しなければなりません。題意を取り違えてしまったり、既定の文字数に達しなかったりすると、よい結果は残せません。

　ここでは、後者の論文試験を想定しながら説明していきます。前者の論文試験を受験される方は、必要な部分だけ参考にしていただければと思います。

1　論文試験で問われる管理職としての資質・能力

　論文試験では、管理職としての次のような資質・能力が問われます。

● しっかりと課題を把握する力があるか。

● 受験する職の立場から、具体的で効果的な対応策を考える力があるか。

● 論理的に思考する力があるか。

● 自分の思いや願いを、わかりやすく記述する力があるか。

● 管理職としての資質・能力、人としての魅力が感じられるか。

　これらの資質・能力は、管理職選考のためだけでなく、**管理職になってから必要となるもの**です。そのつもりで、論文作成のときだけでなく、日々意識して職務を行っていく必要があります。

2 どのように論文を作成するか

(1) 課題を正確につかみ、全体の構想を練る

　試験会場で問題文を読んだとき、最初に**題意のとらえ方が甘かったり間違っ**ていたりすると、課題に正対した論文を書くことはできません。

　いきなり書き始めず、まずは書き込まなければならない事項、そして課題の解決のために必要な方策などについてじっくり考えます。

　そのうえで、論文に書き込む内容を簡単に箇条書きにして、全体の構想を練ります。しっかりした**構想づくりが、合格論文作成のポイント**です。

(2) 校長・教頭の視点からの対応策を考える

　校長選考を受験するなら校長、教頭を受験するなら教頭としての立場から、実現可能で具体的な対応策を記述する必要があります。

　校長選考の論文なのに教頭の立場で、または教頭選考の論文なのに教諭の立場での記述となっている論文に接することがあります。

　日頃から、校長・教頭の立場に立って**「自分ならどのように対応するのだろう」と考えながら職務を遂行していく習慣**が、論文作成に生きてきます。

(3) 論文の形式を整える

　論文は、採点者に読んで評価していただかなくては意味がありません。ですから、**読み手の読みやすさを考えて作成する**必要があります。

　もし1行目から最後の行まで文字で埋め尽くされていると、採点者は最初から最後まで読まないと、論文全体の内容を理解できません。

　そこで右の例のように、「1　私の課題についての考え」「2　課題の対応策」「(1)　～」「(2)　～」というように、1行ずつ使って**柱立てをする**のが一つの方法です。

　このように柱立てされていると、採点者は、まず柱を見て全体像を把握してから論文を読むことができるので、

論文の構成について（例）

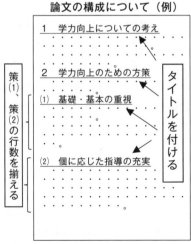

（注）柱立てをして、タイトルを付ける方法は、筆者の個人的な方法であって、あくまで論文作成方法の一例です。

内容をより理解しやすくなるのです。

　また、策を２つ書く場合には、(1)と(2)の行数が大体同じくらい（１～２行程度の差）で収まるようにすると、バランスがよい論文になります。

(4)　自筆の文字に配慮する

　「書は人なり」と言われます。「うまい」「へた」ではなく、**ぜひ丁寧な文字で書く**ように心掛けてください。また、併せて**濃い太い字で書く**ようにしてください。要は、読みやすさを重視することが大切です。

3　論文試験に向けた準備と練習

(1)　受験する自治体の出題の傾向を把握する

　自治体によって出題の傾向は異なりますが、同じ自治体であれば、年によって基本的に大きくは変わりません。ですから、テーマ、設問、解答文字数あるいは行数、解答時間などについて確認してください。

　当然、出題傾向は変わることも考えられますが、問われ方が変わるだけで、問われる資質・能力は基本的に変わりません。

(2)　論文を書いてみる

　管理職選考に向けた参考書等を見ると、「序論⇒本論⇒結論」という順で書くように指示しているものがあります。

　もちろん、そのような書き方が望ましい場合もありますが、**一番大切なのは、何が問われているか、何が書かれているか**です。

　たとえば、「あなたが自校の教員について課題と感じていることを一つ挙げ、その課題について教頭としてどのように対応していくか述べなさい」という設問だったとします。この場合は、解答文字数にもよりますが、「私が教員として課題と感じているのは、～である。その理由は、～だからである。次に、教頭（校長）としての具体的な解決策を２点述べる。まず１点目は～。２点目は～……」というように、問われたことに正対して答えていく必要があります。**何を求められているのかをよく確認し、しっかりした構想を練った**うえで書き始めてください。

　あとは、とにかくさまざまな課題について、**論文を書いてみて**ください。

(3)　自校の校長先生、先輩等に添削していただく

　論文が完成したら、自校の校長先生や先輩方にお願いして、**添削してもらって**ください。人に添削していただくと、校長・教頭の立場からの記述にな

っているか、読みやすい論文になっているか、書き方の癖はないか、誤字・脱字はないかなどがわかります。

　そして、もし可能であれば**複数の方に添削してもらう**とよいと思います。人によって見方はいろいろだからです。ある方は「よく書けている」と言ってくださるかもしれませんが、他の方には「これでは不十分！」と言われるかもしれません。ですから、いろいろな方に見ていただき、**謙虚な気持ちで受け入れ、指摘をもとに書き直す**ようにしてください。

　この書き直しがとても大切です。間違ったスイングで何回素振りを繰り返しても上達しないのと同じで、**指摘を受けて、修正を加え、より精度の高い論文を仕上げていく**作業が、合格論文作成の近道です。

⑷　**論文作成後のチェックポイント**

　毎回論文を作成したら、右のチェック表で自己評価してください。

　ポイントは、①の題意をしっかりとらえることと、②の校長（教頭）の立場からの具体的な考えや対応策を提示すること

－　内容について　－
① 問われたことに正対して答えているか？
② 校長（教頭）の「立場」からの記述、方策になっているか？
③ 校長（教頭）としての意欲・決意が感じられるか？
－　表記について　－
④ 文字数は、規定にあっているか？
⑤ 文字は、丁寧に、濃い字で、誤字・脱字はなく、読みやすいか？
⑥ 段落は、ついているか？
⑦ 極端に長い一文はないか？
⑧ 同じ表現、同じ単語の繰り返しがないか？
⑨ 「～と思う」「～であろう」を多用していないか？

です。また、表記については、とくに⑦、⑧、⑨について注意してください。

⑸　**学校の課題とその課題解決に迫る方策の整理**

　課題や方策は、何となく頭の中で考えるのではなく、**文章にしてまとめておくことをお勧めします。**その一例として、下に示したようなB6判程度の

ある程度厚みのあるカードの表側に課題を、裏側に課題の現状と管理職としての可能な限り具体的な対応策等をまとめます。そして、作成したさまざまな課題のカードを繰り返し読み返し、場合によっては書き加えて、管理職として必要な具体的な対応策について確実に身につけるようにします。

　このようなカードを作成しておくと、**面接選考対策**にも生かせます。

（表）
若手教員の育成

（裏）
なぜ今、若手教員の育成が必要なのか？
・・・・・
若手教員育成の方策
①・・・・・
②・・・・・

41

⑨ 面接試験の勉強法

➡ 皆さんにお伝えしたいこと

①第一印象が大切になる

②質問には、絶えず、明るく、自信をもって、端的に答える

③面接票は、書き込み過ぎず、一目見てわかるように工夫する

　私はこれまで、大学の入試や教員の採用等の際の面接にかかわってきました。その経験を通して言えるのは、受験者がノックして着席するまでの様子から判断した評価と、実際に面接を終えて退室したときの評価は、8～9割は変わらないということです。それだけに、**第一印象は大切**です。

　また、全国の都道府県、政令市の管理職選考の実施状況をみると、9割以上の自治体が面接を実施しています。

　管理職は、教職員を指導監督し、時には子どもの指導にあたり、保護者や地域の要望や苦情にも耳を傾け、教育委員会や関係機関等とも連携を図りながら、精力的に学校経営を行っていかなくてはなりません。

　つまり、これからの管理職には、とくに人を引きつける**人間性**、**コミュニケーション能力**、**指導力**、**対応力**が求められるということです。このような力を見取るために、**面接が重視されている**のも頷けることです。

　今回は以上のことをふまえ、個人面接に焦点をあて、管理職選考に向けた面接対策を考えていきます。

1　第一印象アップのために

　第一印象アップのためのポイントを、次頁上にまとめました。

　服装については、スラックスやスカートに皺が寄っていないか、靴はきれいに磨かれているかどうかです。姿勢や歩き方は、背筋を伸ばし、はつらつとした元気さや躍動感が伝わってくるかどうかです。

そして面接が始まった
ら、質問に対して、はっ
きりした声で、自信をも
って、端的に答えられる
かどうかです。

第一印象のアップのために

	印象がよい	印象が悪い
服装・頭髪	清潔感がある	だらしがない
姿 勢	背筋が伸びている	姿勢が悪い、体が動く
歩 き 方	元気、躍動感がある	元気がない、前かがみ
視 線	相手の目をみている	視線を合わせられない
答 え 方	はっきり、端的に	ぼそぼそ、長い

面接対応のすべてにわ
たって言えるのは、**日頃の立ち居振る舞い、人との接し方、コミュニケーシ
ョンをどのように行っているか**の一言に尽きます。

面接のためだけでなく、ぜひ教師として、そして管理職として大切なこと
として、日頃からこれらのポイントに心がけてください。

2 面接時の答え方のポイント

面接時の答え方のポイントを、「良い例」と「悪い例」に対比して提示し
ました。「そんなことは言われなくてもわかっている！」と思うかもしれませ
んが、面接の場面で、意外と右側の「悪い例」で示したような答え方をさ
れる方が多いのも現実です。

面接時の答え方のポイント

	良 い 例	悪 い 例
応答する際の配慮	・受験する立場で答える （校長受験者は「校長」の立場、教頭受験者は「教頭」の立場で答える）	・今の職の立場で答える （校長受験者が「教頭」の立場、教頭受験者が「教諭」の立場で答えている）
雰囲気・印象	・リラックスして ・明るく、さわやかに	・極度の緊張状態 ・暗い、覇気がない
答え方	・質問を理解して答える ・端的に、はっきりと ・質問されたことに答える ・結論⇒理由の順で答える ・わからない、知らないことはわからない、知らないとはっきり答える	・質問内容が不明確のまま答える ・長い、何を言いたいのか理解できない ・聞かれていないことも長々と話す ・理由⇒結論の順で答える ・わからないこと、知らないことも無理に答える

ここでは、とくに注意していただきたい点を3つ説明します。

1点目は、「**受験する立場で答える**」ことです。そのためには、何を問わ
れているのかをしっかりと把握してから答えることが大切です。

たとえば勤務校の課題について、「現在、どのように対応しているか」を
問われる場合と、「管理職としてどのように対応するか」を問われる場合が
ありますので、後者のように「校長や教頭の立場としての対応」を求められ
ているなら、**その職の立場で答えなくてはいけません。**

とくに管理職には、自分が積極的に動くのは勿論ですが、**組織や人をど**の

ように動かすのかが求められます。こうした対応策の考え方については、26頁の「学校課題の解決策の考え方」を参考にしてください。

　２点目は、「**可能な限りリラックスして、明るく、さわやかに答える**」ことです。面接では、誰でも極度に緊張します。大切なのは、そのなかで、どれだけリラックスして、平常心で臨めるかです。

　管理職になれば、いろいろと難しい対応や緊張を強いられる対応を求められます。そのようなときにも**冷静に判断し、落ち着いた言動が求められる**ことを考えれば、極度の緊張状態で行われる選考面接においても同様の態度で乗り切れるかどうかが試されます。

　３点目は、「**質問に対して端的に答える**」ことです。

　面接官をしていて一番気になるのは、「何を言っているのかわからない」、「答えが長すぎる」というケースです。

　とくに日頃から「話が長い」と言われている方は、質問に対して**長くても30秒以内で答える練習をする**とよいかもしれません。実際の面接でも、一つの質問に対して１分以上しゃべるのは長すぎると思ってください。あまり長いと、面接官に話の途中で「もう結構です」と言われてしまいます。

　そして、何より、**日頃から要点をまとめてわかりやすく、短時間で伝えられるように意識してください**。これは管理職になってからも必要なことです。

3　面接票の作成のポイント

　多くの場合、面接官は、事前に面接票をじっくりと読み込んだうえで面接に臨むのではなく、面接票を直前に渡され、面接を進めながら読み込み、理解し、質問していきます。

　ですから、面接票を作成するポイントは「**一目見て何が書かれているのかがわかる**」ことです（次頁参照）。そのため、**見出しをつける、箇条書きにする、用紙が文字で一杯にならないよう文字数に配慮する**、ことが大切です。

　あわせて、アピールしたいことをすべて書き込むのではなく、**その部分を質問してもらえるように工夫して書く**のもポイントです。

　たとえば「昨年度、研究主任として○○○というテーマで研究発表を行った」程度の記載にすると、「どのような研究だったのか」とか「研究主任としてどのように関わってきたのか」などと質問されることでしょう。

　行数や枠の大きさにもよりますが、ぜひ意識しながら記述してください。

面接票の作成のポイント（例）

あなたの在籍校の課題は何か。その課題に管理職としてどのように取り組むか。

良 い 例	悪 い 例
○**本校の教育課題** 　　不登校生徒が多いこと（昨年度△△人、今年度△△人） ○**私の教頭としての不登校対応** ・学年主任に指示して、各学年の不登校生徒の実態を把握させる。 ・把握した実態を踏まえて、生徒指導主任に不登校対応の具体的な対応策を策定させる。 ・全教職員で具体的な対応策の共通理解を図り、全教員に実践させ、学年ごとに定期的に取組状況を把握させ、課題を整理し、更なる課題の対応策を検討させる。 ・生徒指導部会等で報告させ、必要に応じて管理職として指導助言する。	本校の最大の教育課題は「不登校」の生徒が多いことである。 　家庭の教育力が低く、基本的な生活習慣を身に付けていない生徒が多いことに加え、本校は生徒指導に熱心でない教員が多い。そのため、不登校への対応が不充分であり課題である。 　そこで、私は教頭として、リーダーシップを発揮し、生徒指導主任や学年主任を指導し、不登校対応の研修にも力を入れ、不登校の対応を積極的に行う。

見出しがあるのでポイントがわかる

 ・前文を読まないと内容を理解できない。
・対応策に具体性がない。

[・箇条書きになっているので4点から述べていることがわかる。
・教頭の立場で、組織を動かすことを意識した具体的な対応策を示している。

4 その他、面接に向けて押さえておいてほしいこと

(1) 自治体の教育振興基本計画、教育ビジョン、基本方針等の把握

それぞれの自治体ごとの課題や方針があります。管理職としてそれらをふまえて、学校経営を行っていく必要があります。ホームページ等を見て、受験する**自治体の基本的な考え方や施策等**を把握しておいてください。

(2) 在籍校の基本的な情報の把握

教育目標、教職員数・児童生徒数、ここ数年の不登校やいじめの数とその増減の状況、課題とその具体的な対応策など、**学校の基本的な情報**について数値も含めて把握しておいてください。

(3) 圧迫質問への備え

意図的に、答えに窮するような質問をされたり、無理難題をふっかけられたりする場合があります。これらは意図的に行われることがありますので、**あくまで面接の一部ととらえて、落ち着いて答える**ようにしてください。

(4) 面接練習の際に動画でチェック

いろいろな方法で面接練習をする機会があると思います。ぜひ、そのときに**動画として記録し、後でチェックする**ことをお勧めします。自分の面接の様子、答え方、癖となっている言動などを把握できます。ちょっと恥ずかしいですが、自分の弱点が一目瞭然です。それを確認して修正してください。

⑩ 選考試験に向けての アドバイスとメッセージ

➡️ **皆さんにお伝えしたいこと**

①自分が作成してきた論文に頼らず、出題に正対した論文作成を
②最終選考が終わるまでは気を抜かない
③なかなかよい結果が出ない場合は、日々の職務から見直してみる
④結果がうまくいかなかったときにこそ、誠意ある対応を

これまで9回にわたって、管理職としての心構え、管理職に求められる資質や能力、そして管理職選考突破に向けた勉強法などについて、私自身の経験もふまえながら述べてきました。

最後に、これまでふれてこなかったことを何点か補足させていただきます。

1 当日は、書いてきた論文に頼らず、問題に正対した論文作成を

⑴ 試験前の過ごし方

もし、これまである程度の本数の論文を書いてきた方であれば、試験の間際になって新たなテーマで論文を書くことはお勧めしません。

それよりも、これまで書いてきた論文の「テーマ」「そのテーマの対応が求められる背景」「テーマに対応する具体的な方策」等をじっくり見直し、頭の中を整理することをお勧めします。

これまであまり論文を書いてこなかったという方は、出題が予想される教育課題について、その現状や背景、その教育課題に対する対応策等をいろいろと考えたり、書き出したりしてみるとよいと思います。

⑵ 当日、論文試験に臨む際の注意事項

一番危ないのは、問題を読んだ瞬間、「この問題と同じようなテーマで論文を書いたことがある」と思ってしまうケースです。まったく同じ問題ならよいのですが、それはむしろレアケースで、ほとんどの場合はこれまで書い

てきた論文と微妙にテーマが違っているはずです。

　にもかかわらず、自分が書いてきた論文の内容を思い出しながら書き進めてしまうと、微妙にテーマから外れた論文になってしまいます。ですから、これまで書いてきた論文を参考にするのは全く構いませんが、**求められているテーマに合わせた形で臨機応変に書き変えていく必要があります**。

　また、最後のまとめの一文についても、事前に用意した決意をテーマと関係なく書いている論文を時々目にします。もし論文の最後に決意表明をするのであれば、**テーマに沿った内容となるように配慮してください**。

2　管理職選考は最終選考に合格するまで続く

(1)　最終選考が終わるまで気を抜かず準備を継続する

　一次選考は「筆記」、二次選考は「面接」など、選考が数回にわたって行われることが多いのではないかと思います。

　その場合、私も経験がありますが、一次選考が終わるとホッとしてしまい、何となく選考は終わったような気持ちになってしまったり、二次選考の準備は一次選考の結果が出てからすればよいと思ってしまったりしがちです。

　しかし、一次選考の合格発表から二次選考までの期間が短かったり、日々の職務もあったりして、**意外と準備に十分な時間がとれないのが現実です**。

　また、これまでもお話ししてきたように、面接試験では日頃の言動や癖などがそのまま出てしまいがちです。ですから、**最終選考が終わるまでは気を抜かないこと**、日頃から意識して自らのこれまでの職務や言動を振り返り、管理職としての対応のあり方を身につけていくことが大切です。

　何度一次選考に合格しても、**最終選考に合格しなければ目的を達することはできない**と認識して準備を進めてください。

(2)　何度も管理職選考に失敗している方に向けて

　せっかく管理職になろうと思い立ち受験をしているのに、なかなか合格できないという方もいると思います。

　不合格になれば、がっかりもするし、自分の人間性を否定されたような気持ちになるかもしれません。ただ、その裏には何か原因があるはずです。やみくもに受験の回数を重ねてもよい結果には結びつきません。

　自校の管理職や先輩の先生方などに、**自分に何が足りないのかを指導して**いただき、謙虚に受け止め、改善を図る必要があります。また、最近では業

績評価も選考に反映されることが多くなってきていますので、**日頃の職務に臨む姿勢、子ども、教職員、保護者や地域の方々との対応**についても振り返り、場合によっては改善を図る必要があるかもしれません。

　いずれにしても、一度めざそうと思った管理職への道です。ぜひ、諦めないでがんばってください。

3　試験が終わったら

　論文であれ、面接であれ、**選考が終わったらできるだけ速やかに、復元答案を作成する**とよいと思います。自分の選考結果を振り返ることができるからです。また、お世話になった方々に成果をお示しすることもできますし、今後選考に臨む後輩への貴重な情報提供にもなります。

　私は指導主事選考を受験して指導主事になりましたが、一次選考は夏休みに行われました。選考が終わるまでは夏休み気分にもなれません。そして、選考のことをいつまでも引きずっていたくありませんでした。ですから、選考が終わったその日のうちに復元答案を作成してしまい、お礼状も添えてお世話になった方々に発送してしまいました。

　復元答案を受けとる側としても、忘れた頃に送られてくるよりも選考直後の方が関心をもって読めますし、指導やアドバイスもしやすくなります。

4　結果がわかったら

　一次選考であれ、最終選考であれ、合格したときには一刻でも早く、その喜びを家族やお世話になった方々にお知らせしたいと考えるのは当然のことです。そして、多くの方々が、発表日当日に「合格」を伝えます。

　一方、うまくいかなかったときはどうでしょうか。私は、**うまくいかなかったときにどのように対応するか**が大切であり、その人の人間性が出てくると思っています。

　選考で思うような結果がでなければ、落ち込みます、自信もなくします。しばらく何も手につかず、一人になりたいと思うかもしれません。ですが、皆さんに合格してもらいたいと、忙しい中、親身に指導してくださった方々は、皆さんのことを心配し、皆さんからの結果の連絡を待っています。

　うまくいかなったときほど、できるだけ早く結果を伝えつつ、お世話になったり、指導をいただいたりした**お礼をお伝えする**のが私は誠意だと思いま

す。きっと連絡を受けた方も、あなたの思いをしっかりと受け止めてくださるはずですし、さらに応援しようという気持ちになってくださるはずです。そして、そのような対応のできる方が、**人の心の痛みを理解でき、誰からも信頼される管理職になれる**のではないかと思っています。

10回の講座を終えるにあたって

　最後に、自らの管理職時代等を振り返りながらお話をさせていただきます。

　私は、指導主事選考に合格してから、行政で14年間、中学校の校長として8年間勤務してきました。そして、今は大学で一教員として教職を担当しています。

　初めて校長として勤務する学校が決まったのは2月中旬でした。2月下旬の休日のある日に、着任する学校の様子を見に行きました。定期試験前だったのか部活動もやっておらず、学校は静まりかえっていました。そのとき、**4月からはこの学校の全責任が自分の肩にかかってくる**のかと思うと、何とも言えない**身の引き締まる思い**と、何が何でも生徒・保護者・地域から愛される学校づくりをしたいという**パワーがみなぎってきた**のを覚えています。

　ただ、今になって指導主事や管理職の時代を振り返り改めて思うのは、管理職の大変さ、責任の重さです。絶えず最終決断を迫られ、前面に出てすべての責任を背負わなければなりません。また、いつ何が起こるかわからない緊張状態が続きます。そして、どのような事態に遭遇しても、適切かつ迅速に誠意ある対応が求められます。ときには、教職員、保護者、地域の方々の強い反対にあっても信念を貫き通さなければならないこともあります。

　ですから、管理職時代を振り返ると、充実した日々を送ることができたというより、ただただ緊張の連続だったというのが正直な感想です。

　一方で、教職員の「この学校で勤務できてよかった」、子どもたちの「本当に楽しい、充実した日々を過ごすことができた」、保護者の「この学校に入学させてよかった」という言葉にふれるにつけ、**管理職になってよかったと心から思う**ことができました。

　それは、どんなに辛くても妥協せず、自分の校長としての信念のもと全力で誠意をもって管理職を全うしてきたからと自負しています。

　管理職をめざす皆さん。ぜひ、がんばってください。心から応援しています。

2023年度 教育管理職オンライン研修会

教育開発研究所 主催

※受講にはインターネットへの接続環境が必要となります。配信はストリーミング形式です（ダウンロード不可）。

子どもと教職員を「幸せ」にする
学校管理職の志と力

期　間　2024年5月末まで、何度でもご視聴いただけます
※2023年6月24日(土)から配信開始

環　境　パソコン・タブレット・スマホでご受講いただけます
（インターネットの接続環境が必要となります）

受講料　管理職選考「合格」コース：16,000円(税込)（8講義＋論文演習・添削講座）
管理職スキルアップコース：10,000円(税込)（5講義）
※『教職研修』定期購読者の方は、各コース1,000円割引となります
※講義内容は裏面をご覧ください

サンプルは
こちらから▶

研修会4大ポイント

✓ 「新たな教師の学び」「誰一人取り残さない教育」の実現に向け、一流の講師陣が最新課題をわかりやすく講義

✓ 管理職選考突破に必要な知識を集中講義

✓ 最新・頻出教育法規の要点を解説

✓ 受講者限定の特別価格で、小社書籍を販売

下記のいずれかの方法でお申し込みください

当社HP・研修会申込フォーム
無料FAX：0120-462-488（24時間受付）
電話：03-3815-7041（平日AM10:00～PM4:00）

申込フォーム

申し込み受付中！

お問い合わせ：教育開発研究所　研修会担当
電話：03-3815-7041　FAX：0120-462-488　E-mail：summer@kyouiku-kaihatu.co.jp

2章

校長・教頭に求められる心得

喜名　朝博

　本章では、選考試験でよく問われるテーマについて、何が学校の課題となっているかを明確にしたうえで、校長職の立場と教頭職の立場のそれぞれから、課題の解決に向けて意識しておきたい心得をお伝えします。

2章 校長・教頭に求められる心得

① ［人材育成・組織マネジメント］

ベクトルをそろえ、大きくする

▶ 人材育成・組織マネジメントにおける学校課題

　経営もマネジメントも、組織目標を達成するという意味では同じです。しかし、経営はそのための意思決定がメインになるのに対し、マネジメントは組織に成果をもたらすための手段が含まれます。校長には、組織のトップとして意思決定をするだけでなく、組織目標である教育目標の実現のために、より積極的で主体的に行動することが求められます。そして、それを具体化したものが学校経営計画です。**いつまでに何をしていくのか、その成果をどう検証するのか**といった詳細な計画を立てていきます。その達成状況を評価するのが学校評価となります。組織マネジメントの課題は、この**学校経営計画にいかに具体性と実行性をもたせるか**、ということになります。

　また、組織マネジメントは人材育成と一体です。組織を動かすのは人であり、組織としての力は人材の力の総体だと言えます。その意味でも、教職員一人ひとりの力を最大限に引き出し、高めていくことが学校力の向上につながります。人材育成の課題は、これを**組織的な取組にする**ことです。もともと学校には先輩から後輩へと技や暗黙知を継承していく文化がありましたが、年齢構成のアンバランスからそれらが機能せず、OJTの考え方が導入されました。**日々の業務自体を人材育成の場とする**ことが求められます。

▶ 課題解決に向けた「校長の心得」

(1)　ベクトルの向きをそろえる

　学校が目指すべき**目標とその手段を明示した学校経営計画**は、教職員が向かうべきベクトルの向きをそろえます。力の向きがそろっていれば、学校力は最大となります。学校の教育目標に向かって学校経営計画があり、**それをより具体化したものが学年・学級経営計画**です。教職員との面接では、その進捗状況を確認し、必要な指導・助言をしていきます。この行動は人事評価

にもつながるものです。

(2) ベクトルを大きくする

　教職員一人ひとりがもてる力を最大限に発揮し、さらに伸ばしていくことで、ベクトルの集合体としての学校力はさらに高まります。**教職員一人ひとりの課題を明らかにし**、**本人と共有する**ことで、育成・成長の目標と方法が見えてきます。また、効果的かつ効率的な人材育成を実現するには、**職層による職責を自覚させたり**、**学年内や校務分掌ごとに育成担当を決めたりする**ことが有効です。

　人材育成の極意は、育成を担当する人が最も育つということです。日本の教師の力量は学び合いによって高まってきました。そのよさを発揮できる環境をつくっていくことも、校長の組織マネジメントのひとつです。

▶ 課題解決に向けた「教頭の心得」

(1) 学校経営計画に立ち返る

　教頭は教職員から様々な報告や相談を受けます。その場で助言したり判断したりすることになりますが、その判断基準となるのが学校経営計画です。学校が何を目指し、何に取り組んでいくのかを示した学校経営計画に立ち返れば、判断に迷ったりぶれたりすることはありません。**学校経営計画を根拠とする教頭の姿勢が**、**教職員に学校経営計画を浸透させる**ことにもつながります。これも教頭による「校長の補佐」のひとつです。

　また、教職員により近い教頭は、学年経営や学級経営の状況を把握しやすい立場にあります。年度当初の学年・学級経営計画を確認しながら、**日常的にその進捗状況や課題を見出し**、**必要な指導・助言を行い**、学校経営計画の実現を目指していきましょう。

(2) 職務を通じた人材育成の視点をもつ

　教職員個々の育成課題をもとに、具体的に人材育成を進めていくのが教頭の役割です。授業や校務分掌など、教職員のすべての職務は自らの資質・能力を高めることにつながります。しかし、そこに**人材育成の視点がなければ学びになりません**。事前事後の適切な指導・助言だけでなく、職層や校務分掌、学年といった「組織」を活用した人材育成が必要です。

　教師の仕事は自ら学び続けることで成り立ちます。それを側面的に支援するのが人材育成であり、それを担う管理職こそ学び続けなければなりません。

2章 校長・教頭に求められる心得

② ［働き方改革・業務改善］ 目的を正しく理解する

▶ **働き方改革・業務改善における学校課題**

　第1の課題は「学校における働き方改革」の**目的を正しく理解**することです。社会一般で使われる「働き方改革」とは異なり、「学校における」という枕言葉がついています。これは、単に仕事を削減すればいいということではなく、その目的は、教師自らの人間性や創造性を高め、子どもたちに効果的な教育活動を行うことにあります。このことを誤解し「働き方改革だから」という名の下に安易に業務を削減しようとする動きはないでしょうか。

　第2の課題は、管理職がその職責を果たしているかということです。給特法の改正により「業務量の適切な管理等に関する指針」が策定されました。これに基づき設置者は勤務時間の上限方針を策定し、その具体的な管理の方策を講じています。

　管理職は、教職員一人ひとりの業務量、とくに**在校等時間の客観的把握**による労務管理を行うことになります。このことは、教職員の健康安全を守ることに加え、働き方への意識を高めるねらいがあります。

▶ **課題解決に向けた「校長の心得」**

⑴　**判断基準は「子どもにとって」**

　学校における働き方改革の本旨は、子どもたちに効果的な教育活動を行うために業務を精選したり、他者に任せたりすることです。単に業務量の削減を図るのではなく、**その業務が子どもにとって真に必要なものか、他者に任せることができるかを判断すること**が校長の心得です。

　スクールサポートスタッフ等の支援人材の活用、外部人材の確保等の人的マネジメントにより、教師の負担を減らし、本来の職務に専念できるような環境をつくっていきます。このような取組を通して、所属職員に学校における働き方改革の意味を伝えていくことが大切です。

(2)　質の高い教育の持続

　設置者の上限方針等により、いわゆる時間外勤務の上限は月45時間、年間360時間と定められています。また、月80時間は過労死ラインと呼ばれており、産業医による面接指導の対象となります。

　この上限設定は、その時間までなら勤務してもいいということではありません。今でも学校や社会には、長時間勤務している者ほど熱心な教職員であるという誤解が残っています。質の高い教育を持続するには、**教職員が健康でなければなりません**。その意味でも、校長が定時退勤日や、会議等を行わず教材研究や学級事務に専念できる日を設定することで、教職員自身が自らの健康や働き方を意識できるようにしていきましょう。

▶ 課題解決に向けた「教頭の心得」

(1)　時間対効果をマネジメントする

　「子どもたちのためには時間を惜しまない、それが教師の働き方だ」。果たしてそうでしょうか。子どもに任せられることまで準備したり、必要以上に時間をかけたりしていないでしょうか。教頭には、**時間対効果という視点で校務改善を図る**ことが求められます。また、校務支援ソフトや1人1台端末などの活用による効率化の推進役も教頭の役割です。

　一方、働き方改革を掲げて安易に業務を減らそうという考え方は本末転倒です。学校における働き方改革の意味や意義を繰り返し伝えていかなければなりません。

(2)　在校等時間の把握による労務管理

　タイムカードやパソコン等の活用により、在校等時間の客観的把握が可能になっています。月ごとのトータル時間で見るだけでなく、長時間勤務が連続しているような場合には**個別に声をかけ、状況を確認する**ことが必要です。さらに、公文書となる在校等時間の記録の保存管理も教頭の役割です。

　また、業務の持ち帰りは行わないのが原則ですが、上限時間を遵守するために自宅での持ち帰り業務の時間が増加することは厳に避けなければなりません。教頭はその実態把握に努めるとともに、業務の持ち帰りの縮減に向けた取組の推進を進めていくことになります。

　そして最も重要なのは**教頭自身の働き方改革**です。子どもたちと教職員の幸せを第一優先にしながらも、効率的な仕事の仕方を体現していきましょう。

③ [ICT活用の推進]

組織で活用し日常化する

▶ ICT活用の推進における学校課題

第1の課題は「1人1台端末をどう活用するか」です。それは、GIGAスクール構想の趣旨を確認することでもあります。授業改善に資するものであることはもちろん、子どもたち一人ひとりの個別最適な学びや主体的な学びを実現するためのツールです。**使わないという選択はなく**、日々の授業や家庭学習等で道具として活用することが前提です。だからといって**使うことが目的になってしまっては本末転倒**です。この加減がポイントとなります。

第2の課題は「組織としてどう取り組むか」です。文部科学省は「1人1台端末等のICT環境の活用に関する方針」やチェックリスト、確認・共有しておくことが望ましいポイント等を示しています。これらを指針として、**組織としての進捗状況を確認しながら進めていく必要があります**。得意な教員が中心になって推進することは望ましいことですが、一部の教員しか活用しないのでは学級間格差が生まれ、子どもたちへの責任を果たすことができません。

▶ 課題解決に向けた「校長の心得」

(1) **組織で活用することを考える**

ICT活用は、これからの時代を生きる子どもたちに必要なスキルです。一部の教員にはまだ抵抗感があるかもしれませんが、すでにおわかりのように、子どもたちは何の抵抗もなく使いこなし始めています。

しかし、あくまでツールであるとは言っても、その活用には知識と技能が必要です。**学校としての活用方針を定め**、**教員のスキルアップのための具体的方策を計画していくことが校長の役割**です。その際、校内で核となる人材の発掘やプロジェクトチームの発足、ICT支援員やICT活用教育アドバイザー等の外部人材の活用についてもマネジメントしていくことになります。

(2) **活用を日常化していく**

　1人1台端末は学習用具として位置づけられます。学校でも家庭でも教科書やノートを開くように端末を使うには、持ち帰り基準や破損時の対応方針など、自治体と連携しながら**最低限のルールをつくっていく**必要があります。

　また、ICT活用による授業研究を進め、その可能性とノウハウを共有しながら、**教員の授業観の転換を図っていくこと**が校長の役割となります。

　1人1台端末を活用した取組事例は、文部科学省のwebサイトのほか、日本中の学校が発信しています。それらの情報をキャッチし、自校にカスタマイズしてトライしてみることも大切です。**真似できることは真似をする、使えるものは使わせてもらう**という発想がなければICT活用は進みません。

▶ 課題解決に向けた「教頭の心得」

(1) 活用情報を収集し、発信する

　ICT活用に長けた教員は、自らの創意工夫で様々な実践をしています。それらを**好事例として収集**し、**校内で共有**していくことも教頭の役割です。最低限これだけは取り組もうという目標を決めたり、これなら自分でもできそうだという小さなアイデアを集めたりして、「タブレット通信」として発信していくことも考えられます。

　また、「こんなことやってみました」という情報が教頭に集まるようにし、必要に応じてミニ研修会を開催することも有効です。

　教員全体の抵抗感をなくし、学校の活用方針に基づいて活用の機運を醸成していきましょう。

(2) 課題を明確にし、解決していく

　ICT活用、とくに1人1台端末の活用は走りながら考えているのが実際です。活用すればするほど課題が見えてきます。それは、活用している証であり、**その課題を明確にして解決していくこと**で活用のスピードは加速します。それを担うのも教頭です。

　端末の管理、個人情報や著作権の問題など、教員では気づかない課題もあるかもしれません。教員の活用状況を確認しながら**教頭自身が課題意識をもって見ていくこと**が必要です。

　さらに、活用による**子どもたちの変容を成果として見取っていく**視点も大切です。それは、個々の教員のモチベーションにもつながるだけでなく、教員評価の資料として、校長に報告する内容にもなります。

④ ［教育課程の実施］

理念を理解し実践と結びつける

▶ **教育課程の実施における学校課題**

　第1の課題は「学習指導要領の理念の理解」です。小学校では2020年度、中学校では2021年度から学習指導要領が全面実施となりました。しかし、新型コロナウイルス感染症の影響による臨時休校や1人1台端末の活用が求められるなかでのスタートとなったため、その理念を理解し、浸透できていない状況もあります。授業改善の視点である「主体的・対話的で深い学び」の実現も、コロナ対応で十分に進められなかったかもしれません。まず、**学習指導要領の理念を理解し、学校として共通実践していくこと**が大切です。

　第2の課題は、「カリキュラム・マネジメントの推進」です。十分な理解が図られていないのに、言葉だけが先行しています。学習指導要領の総則では、次の3つの説明をしています。**どのレベルの話をしているのか、誰が推進役となるのか**を明確にしておきましょう。

①教育の内容等を教科等横断的な視点で組み立てる。

②教育課程の実施状況を評価してその改善を図っていく。

③教育課程の実施に必要な人的または物的な体制を確保する。

▶ **課題解決に向けた「校長の心得」**

⑴　**学習指導要領の前文を解説する**

　教科等の内容の移動や増減は少なく「理念の改訂」と言われる今回の学習指導要領。その理念は、新たに設けられた**「前文」に集約されています**。ここには、これからの学校教育のあり方や学習指導要領の意義が述べられています。教職員全員が熟読し、理解することが大切ですが、**校長自身が自校の経営計画や経営方針と関連づけなから解説し、共通理解を図っていきましょう**。実感を伴う理解は、実践につながりやすくなります。

⑵　**主語を明確にして役割を意識させる**

前述のように、カリキュラム・マネジメントには3つの側面があります。その側面それぞれの主語を明確にしておくことがポイントです。

　①**の主語は、すべての教職員**。全員で指導計画を見直し、教科等横断的な視点で関連づけながら授業を進めていきます。②**の主語は、ミドルリーダー**。教務主任等により、日常の教育活動を評価改善するとともに、より実効性のある学校評価にしていきます。③**の主語は、管理職**。外部人材等を確保するといった対外的・渉外的役割のほか、教育委員会や地域との折衝・調整により教育環境を充実させていくのが管理職の役割です。

▶ 課題解決に向けた「教頭の心得」

(1)　理念と実践を結びつけ、価値づける

　「主体的・対話的で深い学び」を視点とする授業改善が求められています。と言っても、全く新しい授業をするわけではありません。**日々の実践を「子どもたちの学びの成立」という視点で見ていく**ことがポイントです。

　教えて育つ子どもから、自ら学んで伸びる子どもを目指していきます。ここには指導観の転換が必要です。そこで、先の授業改善の視点で授業を観察し、子どもの姿を通して具体的に助言していきましょう。

　学習指導要領の理念と日々の実践を結びつけ、価値づけることで、**教員に安心感と自信をもたせていく**ことが教頭の役割です。

(2)　進捗を見届ける

　これまで示してきたように、カリキュラム・マネジメントには3つの側面と、それを中心になって推進する役割があります。

　①の教科等横断的指導には、指導計画の関連づけという大切な準備があります。その最終チェックや週の指導計画等への位置づけ、取組状況を**確認するのが教頭の役割**です。

　②は、教育課程改善のためのPDCAサイクルを確立していくことになります。教務主任が担当することが多いかもしれませんが、形骸化しないよう**教育課程や教育活動の評価改善がゴールである**ことを伝えながら進捗を見届けていきましょう。

　③は、対外的な折衝により学校の教育環境を整えていくもので、**実質的に教頭の役割**です。校長の学校経営計画の具現化を目指し、教育委員会や地域との関係を築きながら進めていきます。教頭の発想が生きる場面です。

⑤ ［授業改善］

子どもの変容が見られる授業を

▶ 授業改善における学校課題

　第1の課題は「主体的・対話的で深い学びの実現に向けた授業改善」です。学習指導要領総則にも示された日々の授業の改善の視点であり、学習指導要領の告示前から様々に解説され、実践的研究が行われてきました。しかし、コロナ禍により指導計画を進めることが先行され、全面実施以降も取組が十分に進んでいないのが実状です。授業研究など、実際の授業を通した実践的な研究ができていないこともあり、教職員にも浸透させるとともに**授業改善の日常化を図っていく**必要があります。

　第2の課題は「授業改善の目的」です。授業改善は、教師の授業力向上、教師としての力量を担保するために行われるものと考えられています。しかし、最も重要な目的は、**子どもたちの学力向上に資する**ということです。ここでいう学力とは身につけるべき資質・能力であり、**毎時間の授業で確実に資質・能力を身につけられるような授業ができているか**という評価と、それに基づく授業改善が必要になります。子どもたちの変容が見られない授業改善は、教師の自己満足でしかありません。

▶ 課題解決に向けた「校長の心得」

⑴ 「主体的・対話的で深い学び」の共通理解を図る

　「主体的・対話的で深い学び」の主語は「子ども」です。子どもたちがどのように学ぶかを示したのが「主体的・対話的で深い学び」であり、その実現のための授業改善の視点となります。**3つの学びにおける学習者の姿を明確にし、その姿にするための授業はどうあるべきかを考えて授業を計画して**いきます。「教師が教えて子どもが学ぶ」から「子どもの学びを教師が支える」へと指導観が変わっていることを、学校として共通理解することが重要です。

⑵ 子どもを見る目を確かなものにする

コンテンツベースからコンピテンシーベースへと教育のあり方も変わっています。それを端的に表したのが「何を学ぶか、どのように学ぶか、何ができるようになるか」という言葉です。ここで重要なのは、子どもの変容を見る目、児童理解や学習評価の確かさです。授業改善というと指導法にばかり目が向きがちですが、**子どもを見る目が確かでないと真の授業改善にはつながりません**。「知識・技能」はもとより、「思考力・判断力・表現力等」「学びに向かう力・人間性等」の評価についても、評価規準を基に学校として確かなものにしていかなければなりません。

▶ 課題解決に向けた「教頭の心得」

(1) 「対話的」の誤解を解く

コロナ禍で子どもどうしのかかわりが制限され「対話的で深い学び」に取り組みにくかったかもしれません。しかし、対話とは他者を対象としたものだけでなく、資料を通して先哲の考えに触れることも対話です。また、過去の自分を想起することも対話であり、多様な考え方に触れながら自分の考えを明確にしていく過程が対話であるととらえることが大切です。

一方で、話し合いをしていれば対話的な学びが成立しているとも言えません。対話的な学びはあくまで思考力育成の手法であることを共通理解しておくことが大切です。**対話的な学びによって一人ひとりの思考が深まっているか**という視点で授業への助言をしていきましょう。

(2) **データで語る**

全国学力・学習状況調査や各教育委員会等が実施する学力調査など、子どもたちの学力に関するデータが蓄積されています。正答率の低い問題や特徴的な誤答など、データを分析して授業改善の視点を明確にしていきます。教頭には、**データ分析から授業改善に至る過程での助言**をお願いしたいと思います。

留意しなければならないのは、平均で示されるデータはあくまで傾向であり、**一人ひとりにも目を向ける必要がある**ということです。補習等により基礎的・基本的内容の確実な定着を図ることで、学校全体の学力の底上げをしていきます。また、学力調査で測れるのは知識・技能を中心とした学力の一部です。学力調査の平均点を上げることだけが学力向上ではありません。**資質・能力の視点で、学校の授業改善を俯瞰する**のが教頭の役割です。

⑥ ［特別支援教育］

全教職員で一貫した支援を

▶ 特別支援教育における学校課題

　特別支援教育が始まって16年。この間、人的措置等の制度も整備され、教員の研修なども進みました。［子どもたち一人ひとりの教育的ニーズを把握し、そのもてる力を高め、生活や学習上の困難を改善、克服するために適切な指導や支援を行う］という理念は学校に浸透しています。

　しかし、専門家のアセスメントを得る機会や支援体制も整ってきたことにより、「この子は特別支援教育だから」とラベリングして**思考停止に陥ったり、担当者に任せたまま**になっていたりするといった実態もあります。

　本来、専門家の指導や助言を受けながらすべての教職員が適切な指導や支援を行うはずの特別支援教育が、矮小化しているようにも見えてきます。

　特別支援教育の課題は、その**正しい理解**と**全教職員による共通実践**です。**すべての子どもたち一人ひとりのニーズに応えていく**という概念の拡大も必要であり、それらを具現化していくための**校内体制の確立**が必須です。特別支援委員会の充実や特別支援教育コーディネーターの育成、教職員一人ひとりの指導力向上といった、組織的対応や人材育成が取組課題となります。

▶ 課題解決に向けた「校長の心得」

(1) 特別支援教育の理念を正しく共有し共通実践を進める

　「特別支援教育は、**子どもの困り感から始まる**のであって、教師の困り感に対応するものではない」。この言葉に代表されるように、子どもたち個々の困り感や教育的ニーズを把握することから、特別支援教育は始まります。さらに、障害の有無にかかわらず、**誰もが何らかの教育的支援を必要としている**ことを前提に、子どもたち一人ひとりを丁寧に観ていく必要があります。

　こうした理念や具体的な方策を学校経営計画等に明記するとともに、共通実践に向けた校長の指導力の発揮が必要です。

(2)　**支援体制整備のため特別支援教育コーディネーターを育成する**

　教師一人による支援から学校全体での支援へと意識を変え、学校全体で支援体制を整備していくために校内委員会があります。その中心となるのが**特別支援教育コーディネーター**です。

　校長が指名し、教職員や校外の専門家や関係機関との連絡調整にあたることになりますが、この働きによって学校の特別支援教育は大きく進みます。専門的な研修は受けていても、さらなる知識と経験が必要な役割であり、その育成のためにも**管理職自身の研鑽**が求められます。また、外部人材との連携による**スキルアップの場**をつくっていくのも、校長の役割となります。

▶ 課題解決に向けた「教頭の心得」

(1)　**教職員の意識を変え指導力向上につなげる**

　特別な支援が必要な子どもはどの学級にも在籍しています。それを負担に思う教員と、何とかその困り感を減らしてあげようとする教員がいます。特別支援教育が成功するか否かは、ここが分かれ目です。

　子ども主体の教育とは、**常に子ども視点で考えること**です。**教頭の指導・助言を通して教職員の意識を変えていきましょう。**

　さらに、学習指導要領にはすべての教科等に「障害のある児童などについては、学習活動を行う場合に生じる困難さに応じた指導内容や指導方法の工夫を計画的、組織的に行うこと」という記載があります。**特別支援教育への対応も指導力の要素**です。特別支援教育コーディネーターを講師にした研修で、教職員の指導力向上を図っていきましょう。

(2)　**対応策等の周知徹底を図り全教職員で共通実践する**

　特別支援教育には専門家のアセスメントが重要ですが、教職員も一定の知識をもつべきです。愛着障害の子どもたちも発達障害と同じような様相を示すことがあるという知識があれば、支援の幅も広がります。その子の生育暦や家庭環境等の情報をも把握して特別支援委員会に参加したり、専門家のアドバイスを受けたりすることで、より効果的な支援が実現します。

　担任だけでなく、同学年の教員、専科教員等の**すべての教職員で情報を共有**し、特別支援委員会で決定した**対応策を全教職員が共通実践できるように周知徹底し、その進捗を見ていく**のが教頭の役割です。人によって対応が異なるような一貫性に欠ける指導は、子どもたちを惑わせてしまいます。

⑦ ［いじめの防止・対応］
担任一人だけで対応させない

▶ いじめの防止・対応における学校課題

第1の課題は「いじめのとらえ方」です。2013年施行の「**いじめ防止対策推進法**」では、「児童等に対して、当該児童等が在籍する学校に在籍している等当該児童等と一定の人的関係にある他の児童等が行う心理的又は物理的な影響を与える行為（インターネットを通じて行われるものを含む。）であって、当該行為の対象となった児童等が心身の苦痛を感じているものをいう」と定義されています。文部科学省の問題行動調査の定義もほぼ同様です。

大切なのは、**対象児童が心身の苦痛を感じている**ということであり、学校や教師が「**それはいじめではない**」**と判断してはならない**ということがポイントです。

第2の課題は、「いじめへの危機意識」です。定義に照らせば、いじめられたという思いをもった子は常に存在するはずです。その思いが大きくならないうちに把握し対応することで、**いじめを深刻化させない**ことがポイントです。すべての教職員がこの危機意識をもち、早期発見・早期対応を実践できるようにしていきます。さらに、この経過を**学校として全員で共有する**ことで、対応の不備を補完しあうような組織を目指していきましょう。

▶ 課題解決に向けた「校長の心得」

(1) いじめ定義の共通理解を図る

子どもからの訴えに対し、「それはいじめじゃない。あなたにも原因があるでしょう」などと言って話を聞かない教員はいないでしょうか。いじめの定義を確認し、その意味を考えれば、**教員の主観や判断を挟んではならない**ことがわかります。年度当初に示す**学校経営方針等でいじめの定義を明示**したり、全体で情報共有の場をもったりして事例研究を重ね、誰もが同じように丁寧に対応できる組織をつくっていきましょう。

(2) 学級経営力を高める

いじめの認知件数は年々増加しています。いじめへの危機意識が高まり、小さなことも見逃さない指導が浸透している証です。一方、ネットいじめなど**学校では見えにくい事象も増えています**。子どもたちは一人で思い悩んでいる可能性もあります。そこで、ネットいじめも含め、心身の苦痛を感じたら担任や友だちにすぐに**相談できる雰囲気を醸成**していくことが必要です。

教師と子ども、子ども同士の温かな人間関係に支えられた学級づくりは、教師に求められる重要な資質・能力です。人材育成の視点からも、教師一人ひとりの学級経営力を高め、いじめを許さない学校を目指していきましょう。

▶ 課題解決に向けた「教頭の心得」

(1) 解決しても終わらせない

小学校の場合、子どもたちと過ごす時間が長い担任は、何でも自分で解決しようとします。しかし、いじめなどの子ども同士の問題は、担任一人で対応すると上手くいかないばかりか、対応を誤ると組織としての信用を失います。

日頃から子どもたちの状況を報告できる体制を整えておくことが必要です。生徒指導に関わる情報交換の場や、子どもの状況を教頭に報告・相談できる体制をつくっておきましょう。そして対応への指導・助言を行うとともに、その後の状況についても定期的に確認していきます。

いじめは担任が思っているほど簡単には解決しません。簡単に対応を終わりにしてしまうことのないように担任に働きかけることも教頭の役割です。

(2) 問題を顕在化させる

学級での問題を自らの指導力に原因があるととらえ、**なかなかオープンにしない教員**がいます。子どもの声をなかったことにしてしまったり、事実を隠蔽したりするようなことがあると、初期対応が遅れ、問題が複雑化してしまいます。

そこで、日頃から各学級の課題を報告し合い、子どもたちの名前が飛び交う職員室にしていくことが大切です。課題のない学級などあるわけがなく、そんな課題や学級経営の悩みをオープンにしていくことで安心して自己開示できる教員もいるはずです。職員室の担任と言われる教頭は、教職員一人ひとりの性格や指導力を見極め、**あえて問題を顕在化させるような動きをする**ことも必要です。そのことが結果的にいじめ防止につながっていきます。

⑧ ［危機管理・学校安全］
最悪を想定し、最大限の配慮をする

▶ 危機管理・学校安全における学校課題

　危機管理は学校経営の根幹です。子どもたちや教職員の生命の安全の確保を基本に、いじめ等の人権問題や教育課程の管理も危機管理の柱として考えていきます。**危機管理の要諦は危機にしないこと。もし危機に陥ったら被害を最小限に留めることです。**そのために重要なのは、管理職をはじめとする**すべての教職員の危機意識を高めていくことです。**最悪の状況を想定した日々の取組によって、危機を未然に防ぐことができます。危機管理における課題は、**教職員の危機意識の醸成**です。

　危機管理と直結するのが学校安全です。学校安全は、「生活安全」「交通安全」「災害安全」の3領域からなり、子どもたちへの安全指導として取り組むことになります。領域ごとに実効性のある安全指導が計画的に行われていることがポイントです。とくに生活安全では、不審者の侵入や校内での事故防止への適切な対応が求められます。災害安全では、地震、津波、気象災害等に対応した行動マニュアルや防災備品の整備と訓練が重要です。**日常的な備えと点検**が学校安全の課題です。

▶ 課題解決に向けた「校長の心得」

(1)　**「常に危機と隣り合わせである」という意識をもたせる**

　窓側に置いてある作業机、もしこの上に子どもが立って倒れたらどうなるか。いじめを訴えてきた子ども、もし今ここで話を聞かなかったら明日は登校しないかもしれない。最悪を想定するとは、**子どもの生命や人権を守るために最大限の配慮をすること**です。その感覚が危機意識ですが、教職員には温度差があります。具体的な失敗事例や好事例を伝えることを通して、常に危機と隣り合わせであるという意識をもたせていきましょう。

(2)　**実効性のある学校安全計画を策定し更新する**

学校保健安全法により、**学校安全計画の策定**が義務づけられています。ここには、施設・設備の安全点検のほか、安全指導、教職員の研修など学校における安全に関するすべての事項が盛り込まれています。

　安全点検については、定期的に複数の目で確認し、問題があればすぐに対応しなければなりません。また、地震や津波、洪水などの自然災害を想定し、具体的な避難方法や避難場所、避難の判断基準等を明確にするとともに、周囲の状況変化に応じて常に更新していく必要があります。

　有事に決断を迫られる校長には、高い危機意識と学校安全に関する幅広い実践的知識が求められています。

▶ 課題解決に向けた「教頭の心得」

⑴　違和感を大切にする

　子どもたちへの指導の様子、保護者等との電話のやりとり、学校行事の運営など、**日々の教職員の行動を把握しながら感じる「ちょっとした違和感」を大切に**してほしいと思います。それが危機意識であり、**その違和感を放置しないことが危機管理のポイント**です。すぐに確認して必要な指導・助言をしていきます。このような教頭の行動の積み重ねが、教職員の危機意識を醸成していくことになります。

　その意味でも、教頭自身の危機意識を高めることが必要です。それが杞憂で終わったとしても常に最悪の状況を想定しておきます。**問題が大きくならないうちに対応し、危機にしないこと**が管理職の危機管理です。他校で発生したことも自分事として自校に置き換えて考え、シミュレーションすることで危機管理能力が高まっていきます。

⑵　安全計画の進行管理と施設・設備の点検に取り組む

　学校安全には、子どもたちの危険回避能力を育てる**安全指導**の側面と、安全計画や校内体制の整備、施設・設備等の**環境整備**という側面があります。**そのどちらの進行管理も担うのが教頭**です。計画通りに遂行されていることはもちろん、実施後の反省等をふまえてより実効性のあるものに改善していく視点を与えるのも教頭の役割です。また、**実質的な施設・設備の管理者**として、日常的な安全点検はもちろん、発災時を想定した危険箇所の把握と修繕を最優先事項として行うべきです。学校が避難所になることも想定し、地域とともに学校安全を考えていきましょう。

⑨ [教員の不祥事防止]

教員の行動・心身・特性をよく見る

▶ **教員の不祥事防止における学校課題**

　教員の不祥事、いわゆる非違行為等により令和3年度に懲戒処分等を受けた教員は4,674人（各校種全教育職員の0.5％）となっています。

　増減はあるものの、依然として多くの教員が処分を受けています。懲戒処分等に至らなかった教員も含めれば、数字はさらに大きくなるはずです。

　非違行為のなかでも子どもたちへの性犯罪・性暴力は、**子どもたちの心やその後の成長にも大きく影響し、絶対に許されるものではありません**。失効した教員免許の再取得にも厳しい条件がつけられました。また、個人情報の紛失や飲酒に関わる事故などの信用失墜行為は、学校経営を困難にし、教員全体の地位を下げることになりかねません。

　服務の徹底は、校長の職責である教職員の管理、職務上および身分上の監督の最たるものであり、学校経営の根幹をなすものです。さらに、**学校の中に非違行為を許さない雰囲気を醸成していくことも**管理職の役割です。教職員が互いに意識を高めあうような教職員組織をつくっていくためにも、管理職やミドルリーダーが連携していく必要があります。

▶ **課題解決に向けた「校長の心得」**

⑴　**実効性のある研修を行う**

　教育委員会から出される教員の懲戒処分情報を周知することは、事実としてとらえることができるものの、どこか他人事になってしまいます。時には時間を取って、**その背景や原因などを話し合う事例研究が有効です**。体罰なら、同じような状況で自分ならどう対応するかを考え、アンガーマネジメントが身についているかの振り返りにもなります。研修講師も管理職だけではなく、ミドルリーダーに担わせることで、より実効性のあるものとなります。

⑵　**教職員の特性を理解する**

非違行為は防止できます。**多くの場合その予兆のような**行動があるからです。常にイライラしていたり、逆に何でもため込んでしまったりする教員は、それを子どもたちにぶつけているかもしれません。

飲酒に関わる生活上の課題も非違行為につながることがあります。机上整理ができない教員は個人情報の紛失のリスクも高まります。さらに、小児性愛者なども特異な行動があるといいます。

人権にかかわる微妙な問題ではありますが、**教職員一人ひとりの特性を理解し**、声をかけたり、必要に応じて産業医等の専門家と連携したりすることも未然防止につながります。

▶ 課題解決に向けた「教頭の心得」

⑴ 危機管理の視点で見ていく

非違行為の防止を**危機管理として見ていく**ことが、教頭の視点です。授業中に声を荒らげるなど、**不適切ではないかと感じた時点で教員の話を聞き、適切なアドバイスをしていきます**。そのことで自らの指導を振り返ることもできます。さらに、このままエスカレートするとどうなるかを考えさせることも重要です。

また、出勤時に前日の飲酒が残っていると感じたら、教室には向かわせないなどの**毅然とした態度で臨む**ことも、周囲の教職員の意識を変えることになります。また、机上整理や情報管理なども事故のリスクを軽減するために大切であることを伝えるとともに、私費会計についてもチェック体制を構築し、最終的に管理職が確認するようにしていきましょう。

⑵ **労務管理の視点で見ていく**

学校における働き方改革はなかなか進みません。しかし、心身ともに最良の状態で子どもたちの教育にあたることが基本です。そのことは、非違行為を防ぐ大きな要因ともなります。睡眠不足はイライラやミスを誘発します。在校時間の把握はもちろん、**肉体的・精神的な疲れが出ていないか**という、**労務管理・健康管理の視点で教職員を見て**いただきたいと思います。家庭の都合で早く帰らなければいけない場合などは、仕事が終わらない不安を抱えることになります。そんなときの教頭先生の「大丈夫だから」の一言が大切です。そして、誰も取り残されず、互いにフォローし合う組織にしていくために、**「教頭先生が見てくれている」という安心感**をもたせていきましょう。

⑩ ［保護者・地域連携］

学校の応援団を増やしていく

▶ 保護者・地域連携における学校課題

　保護者や地域と学校は、車の両輪に喩えられます。同じ方向、同じ速度で進むことで、子どもたちの健全な成長が期待されます。

　しかし、「保護者対応」という言葉があるくらい、時として学校と保護者は対立関係に陥ることがあります。誰もが子どもたちの健やかな成長を願っているはずですが、第一にわが子のことを考える保護者と、すべての子どものことを考える学校との立場の違いから、対立が生まれることがあるのです。

　学習指導要領の理念のひとつに「社会に開かれた教育課程」があります。社会とのつながりのなかで学ぶことで、**子どもたちは自分の力で人生や社会をよりよくできるという実感をもつ**ことができます。

　その実現のためには、学校が積極的に情報発信をして、よりよい学校教育を通じてよりよい社会を創るという目標を共有し、これまで以上に**保護者や地域と連携・協働しながら教育活動を充実させていく**ことが必要です。

　さらに、保護者や地域を教育活動に巻き込み、子どもたちを共に育てるしかけをつくっていくことも考えていきましょう。

▶ 課題解決に向けた「校長の心得」

⑴　**戦略的な情報発信を行う**

　学校の教育活動を理解していただき、地域の学校として保護者や地域の協力を得るには、**まず学校のことを知ってもらう**必要があります。情報発信の方法として、学校だよりやホームページが思い浮かびますが、最も効果的なのは**自分の声で伝える**ことです。保護者会や学校行事、地域の行事や会合などの機会をとらえ、学校の教育目標を知ってもらったり、困っていることや協力してほしいことを伝えたりして、戦略的に情報発信をしていきましょう。

⑵　**保護者や地域の力を借りる**

教育活動を充実させるには、学校の力だけでは不可能です。**地域リソースを教育課程に取り込んでいくこと**も、校長によるカリキュラム・マネジメントのひとつです。

学校の役に立ちたいと思っている人は少なくありません。そんな人たちの力を借りることを前提としていきましょう。PTAや地域学校協働本部、おやじの会などの組織はもとより、ミニボランティアなどの仕組みをつくって、**保護者や地域の方々を学校運営に巻き込んで**いきます。

それは「協力」の域を超え、学校運営へ「参画」してもらうことです。そのことが、**学校の応援団を増やしていくこと**につながります。

▶ 課題解決に向けた「教頭の心得」

(1) 情報をキャッチする

学校は情報発信ばかりに意識が向きがちですが、**有益な情報をいかに早く正確にキャッチするか**という情報収集も重要な情報戦略です。

不審者情報や通学路の工事情報などは、即座に指導に反映しなければなりません。また、地域での子どもたちの様子、地域行事に関わる情報、家庭環境の問題など、町会関係者や民生児童委員などから情報を得ることで、学校の動きも明確になってきます。

学校が地域や保護者の話をよく聞いてくれる、そのことで行動を起こしてくれていると感じてもらえれば、信頼される学校が実現します。学校の窓口としての役割を担う教頭には、地域や保護者と信頼関係を築き、**情報が入りやすい雰囲気をつくっていく**ことをお願いしたいと思います。

(2) 互恵性を意識する

「学校は協力を依頼してばかりで、地域には貢献しない」と思われていないか、常に学校は自省すべきです。また、「学校に協力するのは当たり前」というのも思いこみです。子どもたちのためという思いがあっての協力であり、それに応えるためにも、**学校は地域に貢献する方法を考えなければなりません**。地域行事への参加を子どもたちに促すだけでなく、総合的な学習の時間の内容に位置づけて、それ自体を学習活動とすることも考えられます。高齢者や幼児との交流、地域清掃なども、学校の都合だけでなく**互恵性を意識した見直しが必要です。教職員にそのことを伝え、意識を変えていくこと**も、教頭の大事な人材育成の視点となります。

3章

頻出「論文問題」への対策

（校長論文）竹田　幸正

（教頭論文）佐藤　正志

　本章では、選考試験で頻出の論文問題について、校長論文と教頭論文の解答例をそれぞれ示し、「合格へのヒント」として記述内容の意図や評価されるポイント等を指摘したうえで、合格論文を作成するための視点や留意点をお伝えします。

【校長論文】①人材育成・組織マネジメント

　教員の大量退職・大量採用によって年齢構成が変化するなか、学校文化を伝承し、学校運営の活性化を図るためには、学校組織全体による人材育成が急務です。あなたは校長として、組織的な人材育成にどのように取り組みますか。現任校の実情をふまえ、具体的に述べなさい。

論文解答例

　❶現任校でも若手教員が増加しており、授業や生徒指導に不安を抱えている者が多い。また減少している中堅教員を、次代を担うミドルリーダーに育成することが課題である。一方、いじめや不登校などの複雑化・多様化した教育課題への対応に直面しており、組織的な人材育成が急務である。そのため、校長として以下のことに取り組む。

1. 人材育成プランを作成し、組織的・計画的な人材育成を行う

　❷校長は組織のリーダーとして、教員の人材育成に大きな責任と役割をもち、教員一人ひとりの自律的な成長を促すことが重要である。私は、個別最適な教師の学びの実現に向け、教員との面談や教頭からの情報提供、授業参観を通して適性や能力を把握し、❸県の教員育成指標を活用して人材育成プランを作成する。そして、本人の意向も取り入れながら、経験年数や職層に応じた役割や身につけるべき資質・能力を提示する。その際、❹ベテラン教員には後輩の人材育成、中堅教員には学校をリードする自覚、若手教員には授業力や学級経営力の向上について示し、キャリアに応じた目標実現へ向けての意欲を高める。

　また、❺人事評価を活用し、教員に将来への展望をもたせ、資質・能力の向上に向けた意欲を喚起する。具体的には、人材育成プランと連動した自己目標や研

合格へのヒント

❶現任校の教員の年齢構成や直面する教育課題の状況をふまえ、中堅教員や若手教員の育成に組織全体で取り組むことの重要性を述べます。

❷教員の人材育成が校長の大事な責務であることを述べます。

❸教員育成指標は、教員がキャリアに応じて求められる資質・能力の向上に取り組むために策定されたものであり、それをもとに人材育成計画を作成することが大切です。

❹教員のそれぞれの年代に応じた目標を示すことが大切です。そのためにも、勤務地域の教員育成指標について理解しておく必要があります。

❺教員の人材育成に人事評価を活用することは、校長として大切な視点です。

修課題を設定させ、継続的な面談を通して進捗状況を確認し、必要な指導を行う。

2．学校組織全体で中堅・若手教員を育成する

中堅・若手教員は、これからの学校を支えていく大切な人材である。そこで、協働的な教師の学びとして、_⑥再雇用者を含む経験豊かなベテラン教員の教育技術を中堅・若手教員に円滑に継承できる体制を築く。

具体的には、研修主任に指示し、ベテラン教員による授業や生徒指導、学級経営の指導法を伝える研修会を年間計画に位置づけ、計画的に実施する。また、_⑦ベテランと中堅・若手教員を意図的に組み合わせて校務分掌を組織し、ベテラン教員の経験や技術を、業務を通して直接中堅・若手教員が学べるようにする。

さらに、中堅教員に学校を支えるミドルリーダーとしての資質・能力を育てるため、_⑧校務分掌の主要なポストを経験させ、学校経営への参画意識を高める。また、中堅教員を_⑨若手教員のOJT担当に任命し、若手教員の授業力を高めるとともに、本人の専門性や使命感の向上を図る。その際には、_⑩主幹教諭やベテラン教員を補佐役とした支援体制を整備する。

校長として、教員一人ひとりが年齢を超えて生き生きと仕事ができる組織体制を構築し、_⑪自信と誇りをもって学校教育を推進していく教員の育成に全力を尽くす覚悟である。

❻ベテラン教員のもつ教育技術を中堅・若手教員に円滑に継承するための組織的取組について述べます。

❼ベテラン教員の経験等を中堅・若手教員が学べるだけでなく、同僚性を高め、学校の活性化にもつながります。

❽❾中堅教員をミドルリーダーとして育成するための方策を具体的に示します。

❿中堅教員の心理的負担の軽減や相談機能を考慮し、支援体制を組むことが大切です。

⓫結論では、人材育成に対する校長としての決意を力強く述べるようにします。

合格論文のポイント

論文を通して、組織的に人材育成を行う組織マネジメント力や実践力、教員を的確に指導できる指導力をもっているかどうかが見極められます。論文では、個別最適な教師の学びと協働的な教師の学びの視点から、人材育成計画の作成と実施、学校組織全体で中堅教員や若手教員を育成する方策を述べるようにします。また、再雇用者を含むベテラン教員の活用についても論ずることで、視野の広さを示すことができます。

【校長論文】②働き方改革・業務改善

　学校の業務の適正化を図るためには、教職員間で改善すべき業務を洗い出すことや、校長が校内の分担を見直し、自らの権限と責任で業務を大胆に削減することが求められています。

　あなたは校長として、このことについてどのように取り組みますか。現任校の状況をふまえて具体的に述べなさい。

論文解答例

　学校に求められる役割が拡大するなか、教職員の負担軽減と長時間勤務の改善が喫緊の課題である。そのためには、❶大胆な業務改善が不可欠であり、学校の業務を見直すとともに、家庭や地域、関係機関と連携して教育活動に取り組む体制づくりが必要である。以下に校長としての取組を述べる。

１．業務改善への方針を明確に示し、教育活動等の縮小・統合・廃止を推進する

　大胆な業務改善を実行するには、❷校長が明確な指針を示すことが重要である。私はまず、働き方改革を学校経営方針の重点に位置づけ、全職員に業務改善に取り組む強い決意を示す。❸新型コロナウイルス感染症をきっかけに、行事等を必要最小限の時間で実施し、一定の成果を得ることができた。私はこの経験を生かし、教頭を中心とした業務改善委員会を設置し、教育課程全般の見直しを図る。具体的には、目標や内容が重複する行事や教育活動は縮小・統合・廃止を決定する。また、各行事の練習時数は３割削減する。

２．校務分掌の再編・統合を進める

　校務分掌について、❹業務内容に重複がないか、重要性や緊急性はどうかの視点から検討し、分掌の再編・統合を実行し、分掌組織の簡素化を図る。また、教務主任に指示し、校務分掌が特定の職員に偏らないよう

合格へのヒント

❶序論では、まず働き方改革の現状を語り、その解決のためには、大胆な業務の改善が必要であることを簡潔に述べます。

❷校長は、学校経営のトップとして、働き方改革を推進するにあたり、明確な指針を教職員に示す必要があります。そのためには、学校経営方針の重点に位置づけることがポイントです。

❸コロナ禍の状況のなかで、成果のあった取組事例をあげ、それをふまえて課題解決のための具体的な方策を述べると説得力が増します。

❹学校の業務を再編・統合するための具体的な観点を示すことが大切です。校長としての指導力をアピールすることにつながります。

に分掌の平準化を行う。併せて、各分掌をベテランと若手を組ませた複数体制にし、負担軽減と活性化を図る。さらに、⑤多忙な教頭の業務を削減する。具体的には、ミドルリーダーの育成を兼ね、教頭の業務の一端を主幹教諭、事務職員、主任等に分担し、業務にあたらせる。こうした取組により、職員の業務改善への意識を高め、大胆な業務改善につなげていく。

3．家庭や地域等と連携し、業務の改善を推進する

　すべての業務を学校で担うという考え方では、業務の改善は困難である。そのため、⑥家庭や地域、関係機関の力を借り、業務の役割分担・適正化を図る。具体的には、学校運営協議会の協力を得て、校外パトロールや部活動等の業務の一部を外部へ移行する。また、地域支援コーディネーターに依頼して、地域の多様な人材を活用する体制を整え、教育課程に位置づける。

　業務改善の推進には、家庭や地域の理解が欠かせない。私は、PTA役員会や学校運営協議会等において、⑦働き方改革の趣旨や業務改善の内容について説明し、理解と協力を得る。

　大胆な業務改善は、⑧管理職の強い信念にかかっている。私は校長として実効性と持続性のある働き方改革推進のために先頭に立って取り組む覚悟である。

⑤学校組織のなかで最も多忙な教頭の業務改善に触れることも大切です。その場合、ミドルリーダーの育成という人材育成の面から述べることで、校長としての組織マネジメント力を示すことができます。
⑥家庭、地域、関係機関に支えられたチーム学校の視点に立ち、地域や関係機関の力を借りて、業務の改善や削減を図っていくことが大切です。
⑦校長として、自ら家庭や地域の方々に働き方改革の趣旨や業務改善の内容について説明することで、学校に対する信頼を得ることにつながります。
⑧結論では、課題解決に向けた校長としての決意を簡潔に述べるようにします。

合格論文のポイント

　設問では、業務改善に向け、校長としてどのように指導性を発揮し、実効性のある手だてを講じるのかが問われています。

　文部科学省が「学校の働き方改革に関する取組の徹底について（通知）」（2019年3月）等のなかで示す、学校が取り組むべき方策もふまえて記述することが大切です。

✎ 3章　頻出「論文問題」への対策

【校長論文】③ICT活用の推進

　GIGAスクール構想により1人1台端末が整備されたことに伴い、学校においてはICT環境を最大限に活用した児童生徒の学びの充実が求められています。

　あなたは校長として、ICTを活用した授業の推進にどのように取り組みますか。現任校の実態や課題をふまえ、具体的に述べなさい。

論文解答例

　高速大容量の通信ネットワークの整備と全児童生徒へのICT端末の配備がなされ、❶学校にはその環境を活かした、ICTを活用した個別最適な学びや協働的な学びの実現が求められている。そのためには、教職員の意識改革を図り、ICT活用指導力を高めることが重要である。私は校長として、以下のことに取り組む。

1．ICT活用に対する教職員の意識改革を図る

　❷勤務校ではICT端末が整備されたものの、いまだ積極的に授業で活用していない教職員も見られる。この現状を打破するには、ICT活用の有効性を職員全体に浸透させ、意識改革を図る必要がある。❸私はまず、国や県の通知や資料をもとに、ICT活用の趣旨や活用の仕方について説明し、理解を得る。また日常の校務にICTを活用し、その利便性を体験させる。具体的には、ICTを活用することで、行事の反省や会議での意見共有を瞬時にできることを体感させる。また、外部講師による実践的な研修や、先進校の視察・報告会を実施し、職員の意欲を高める。

2．授業研究を通してICT活用指導力を高める

　❹ICTを授業で活用する目的は、児童生徒の学びの質を高め、学習内容の確実な定着を図ることである。私は研究主任に指示し、校内研修に「ICT活用による個別最適な学び」を掲げ、授業研究会を実施する。そ

合格へのヒント

❶序論ではまず、ICTを活用した授業改善の重要性を述べ、次に課題を解決するための方向性を示して本論につなげるようにします。

❷設問に「現任校の実態や課題をふまえて」とありますので、勤務校のICT活用の状況について簡潔に述べるようにします。

❸校長には、自ら率先してICT活用の趣旨や内容について理解し、そのことを職員にわかりやすく説明することが求められます。課題解決のため、校長の積極的な姿勢を示すことが大切です。

❹ICT活用の目標を明確に押さえ、授業研究を実施することが大切です。校長としての識見や指導力をアピールすることにつながります。

の際、ICTを活用すること自体が目的化してしまい、本来のめざすべき児童生徒の資質・能力の育成を見失わないようにする。また、学習活動にICTを用いた情報共有の場や協働的な学びの場を積極的に取り入れるように指導する。そして、❺研究主任に企画、中堅には推進役、若手には実践の課題を課して全校体制を整えて授業研究会を実施する。

3．ICT活用を年間指導計画に位置づけ実践する

　ICT活用にあたり、学年格差や学級格差を生じさせてはならない。そのためには、❻各教科等の年間指導計画にICT活用を明記し、どの学級でも授業のなかで活用することが重要である。私は、情報教育主任に指示し、授業研究で蓄積した成果や日常の実践で得られた成果を集約し、❼「ICT活用事例集」を作成する。また、各教科主任に、ICT活用が有効となる単元や学習場面を洗い出し、各教科の指導計画に組み入れるよう指導する。また、学期ごとに実践の評価を行い、加筆修正を加えて実効性のある指導計画に改善していく。

　ICT活用については期待が大きい反面、❽情報モラルに関することや目の負担などの課題もあり、保護者への適切な説明が必要である。私は校長として、これらのことにも配慮しながら、効果的なICT活用に全力を尽くす覚悟である。

❺ICT活用を推進するためには、校長としての組織マネジメント力を発揮し、全校体制で取り組むことが大切です。

❻校長には、教育課程を編成し、実践していく義務があります。指導計画にICT活用を明確に位置づけ、全職員がそれに基づき授業を実践することが大切です。

❼研究等の成果を集約し、「ICT活用事例集」の作成を明記することで、校長としての行動力や本気度が伝わります。

❽結論では、課題解決に向けた校長としての決意を簡潔に述べます。また、本論で取り上げることができなかった情報モラルや健康面での課題について触れることにより、視野の広さを示すことができます。

合格論文のポイント

　設問では、ICT環境が整備されたなかで、ICTを活用した授業の推進に、校長としてどのように指導力を発揮し、実効性ある手立てを講じるのかが問われています。とくに教職員のICT活用指導力の育成については、職員の関心・意欲や技能などに個人差があることをふまえて論ずることが大切です。また実践においては、ICTの活用自体が目的化しないことやICTを活用した協働的な学びについても配慮する必要があります。以上をふまえ、校長としての取組を述べることが合格論文につながります。

3章　頻出「論文問題」への対策

【校長論文】④教育課程の実施

　新学習指導要領では、「社会に開かれた教育課程」の実現を通して児童生徒に必要な資質・能力を育成することを理念とし、その理念を達成する方策としてカリキュラム・マネジメントの重要性を指摘しています。
　あなたは、校長として、「社会に開かれた教育課程」の実現にどう取り組みますか。現任校の取組や課題をふまえて、具体的に述べなさい。

論文解答例

　これからの学校は、学校と社会が教育課程を介して目標を共有し、実現していくことが重要である。❶現任校では、これまで「社会に開かれた教育課程」の実現に取り組み、地域の資源や人材を組み入れた指導計画を作成してきた。しかし、教職員の共通理解、家庭・地域への周知、指導計画に基づく実践に課題を残した。そこで、校長として以下のことに取り組む。

1.「社会に開かれた教育課程」の趣旨の理解と共有

　「社会に開かれた教育課程」の実現は、その趣旨や内容を学校・家庭・地域が共有し、一体となって推進することが重要である。私はまず、学校経営の重点に「社会に開かれた教育課程」を位置づけ、❷教育目標と地域社会の関連を明確にしたグランドデザインを作成し、職員に説明する。併せて、❸全職員が一丸となってカリキュラム・マネジメントに取り組む必要性を語り、その取組が教育活動に生かされ、児童生徒に変容を促し、学校の活性化に結びつくことを浸透させる。さらに、家庭や地域に、学校だよりやホームページで発信するとともに、❹地域懇談会や自治会の会合に自ら足を運び、学校と地域が協力して児童生徒を育てることの重要性を説明し、理解と協力を得る。

2. 家庭・地域との連携を基盤にした教育課程の編成

　「社会に開かれた教育課程」を編成するため、教育

合格へのヒント

❶序論で、現任校でのこれまでの取組状況や課題についてまとめて示し、本論でその具体的な解決策について述べると、読みやすくわかりやすい論文になります。

❷校長として、グランドデザインをわかりやすく作成し、それを提示して説明することが大切です。そのことが教職員の理解を深めることにつながります。

❸新学習指導要領では「社会に開かれた教育課程」の実現に向け、全職員でカリキュラム・マネジメントに取り組むことの重要性が求められています。

❹校長自身が先頭に立ち、率先して動く姿勢が、地域からの信頼を得ることにつながります。

課程編成委員会を設置し、組織で協議する場を設け、既存の教育課程を見直し、改善する。その際、❺地域で育む児童生徒の姿や身につけさせたい力について学校評議員やPTA役員、地域の自治会に意見を求め、教育課程に反映させる。また、各教科主任に指示し、❻各教科の授業や教育活動に必要な地域の資源や人材等を指導計画に位置づける。

さらに、教育課程の質を高めるために、❼学校評価を活用し、教育課程の実施状況を評価して改善を図り、次年度の教育課程や指導計画に活かしていく。

3．授業改善と教職員の指導力の向上

❽編成した教育課程は、日々の充実した授業実践によって具現化される。しかし現任校は、地域社会との連携・協働を意図した広い視野で授業を構築する指導力をもつ職員は少ない。また若手教員が多く、新教育課程のもとでの指導力を身につけさせることが課題である。そこで、❾学校全体で総合的な学習の時間の実践に取り組み、職員全体の指導力の向上を図る。具体的には、研究主任を指導し、研究テーマに「地域とつながる総合的な学習の時間」を掲げて授業研究を実施する。その際、保護者や地域の有識者に協力を依頼し、外部の検証を通して授業改善を図る。

「社会に開かれた教育課程」の実現には、❿校長の強い信念と指導力が必要である。私は校長として、組織体制を整え、新教育課程の実現をめざし、地域に信頼される学校づくりに全力を尽くす覚悟である。

❺家庭や地域の声を教育課程の編成に反映させることが、家庭や地域からの信頼を得ることにつながり、その後の連携・協働が円滑に進みます。

❻❼地域資源や人材の確保、PDCAサイクルをもとにした学校評価の活用について述べることにより、カリキュラム・マネジメントをしっかりと意識して論じていることが伝わります。

❽管理職としてよい視点です。編成した教育課程は授業や教育活動で実践されてこそ意味をもちます。

❾地域社会との関連や教科等の横断的・総合的な学習を重視する「総合的な学習の時間」に学校全体で取り組むことは有効です。

❿課題解決に対する、校長としての強い決意を示します。

合格論文のポイント

校長として、「社会に開かれた教育課程」の趣旨を理解し、教職員への周知を図り、カリキュラム・マネジメントの視点から具体策を示すことが大切です。教職員の先頭に立ち、新教育課程の推進に対して果敢に挑戦していく姿勢や戦略を示すことが合格論文につながります。

【校長論文】⑤授業改善

　学習指導要領を着実に実施し、児童生徒の学力を向上させるためには、個別最適な学び・協働的な学びを一体的に充実し、「主体的・対話的で深い学び」の実現に向けた授業改善が求められます。
　このことをふまえ、あなたは校長として、授業改善にどのように取り組みますか。現任校の課題をあげて、具体的に述べなさい。

論文解答例

　現任校では、これまで「主体的・対話的で深い学び」の実現をめざした授業改善に取り組んできた。しかし、❶画一的な一斉授業のスタイルから抜け出せないのが現状であり、その改善のためにはICTを活用した個別最適な学び・協働的な学びの充実が不可欠である。そこで校長として、以下のことに取り組む。

1．個別最適な学び・協働的な学びの重要性や必要性について共有化を図る

　授業改善の取組をより推進するためには、個別最適な学び・協働的な学びの充実が不可欠であることを全職員で共有することが大切である。私はまず、個別最適な学び・協働的な学びの重要性や必要性を、❷国や自治体の資料を使ってわかりやすく説明する。そして、そのことが現在取り組んでいる「主体的・対話的で深い学び」の授業改善につながることを理解させる。さらに、外部講師を招いてICTを活用した個別最適な学び・協働的な学びについての実践的な研修会を実施し、❸めざす授業像について明確なイメージをもたせ、授業改善に向けての意欲を高める。

2．❹授業研究を通して教員の指導力を高める

　現任校の課題である❺画一的な一斉指導の教え込みの授業から、児童生徒が多様な方法で課題を解決する個に応じた授業に転換するには、教員の指導力の向上

合格へのヒント

❶「主体的・対話的で深い学び」の実現に向けた授業改善を推進するには、個別最適な学び・協働的な学びの充実が不可欠であることを述べます。

❷校長自身が個別最適な学び・協働的な学びについて十分に理解し、教職員にわかりやすく説明することが大切です。

❸教職員の授業改善に対する意欲を高めるには、目標とする授業像を明確に示す必要があります。

❹授業研究を通して、組織的に教員の指導力を高めることは、校長としての重要な責務です。

❺校長として、今後どのような授業をめざすのかについての方向性を明確に示すことが大切です。

が不可欠である。私は研究主任に指示し、ICTを活用した個別最適な学び・協働的な学びを充実させる授業研究会を企画させ、実施する。その際、⑥ICTを活用して児童一人ひとりの考えをリアルタイムで提示し、互いの考えを比較・検討する活動を取り入れるよう指導する。また、⑦ICTを駆使して集積した児童の学習履歴を活用し、児童が自分の理解力や到達度にあった課題や多様な学習方法を選択できるようにする。

3．授業研究の成果を指導計画に位置づけ、実践の日常化を図る

学校全体で組織的に授業改善を図るには、授業研究の成果を活かし、日常の授業に広めていくことが大切である。そこで各教科主任に指示し、⑧授業研究で得られた個別最適な学び・協働的な学びの視点からの有効な事例を各教科等の年間指導計画に位置づけ、授業で使えるようにする。また、⑨年間指導計画の活用を促進するため、週の指導計画に個別最適な学び・協働的な学びの実践や反省点を記録させ、それをもとに指導・助言し、授業改善につなげていく。さらに学校評価を活用して、年間指導計画を定期的に点検し、よりよいものに改善していく。

⑩授業改善の推進には、教職員が教材研究や指導法研究に取り組む時間の確保が必要である。私は校長として、働き方改革と授業改善を同時に進め、誰一人取り残さない教育に全力を尽くす覚悟である。

⑥⑦このように、個別最適な学びを実現するため、ICTを授業でどのように活用するのかについて具体的に述べることが大切です。そのことで、校長としての指導力をアピールすることができます。

⑧授業研究の成果は各教室で実践されてこそ意味をもちます。そのためにも、授業研究で得られた成果を年間指導計画に明確に位置づけることが大切です。

⑨指導計画への位置づけだけでなく、このように実施状況を把握し、適切に指導することを通して、学校全体の授業改善が進みます。

⑩校長として、常に働き方改革を意識して学校運営を行っていく意識が大切です。

合格論文のポイント

論文では、「主体的・対話的で深い学び」の実現に向けた授業改善とICTを活用した個別最適な学びや協働的な学びの充実の関連を明確にして論述することが大切です。

そのためにも、学習指導要領の総則や中央教育審議会答申（令和3年1月）には確実に目を通し、理解を深めておく必要があります。

【校長論文】⑥特別支援教育

　近年、学校は特別な教育的支援を必要とする児童生徒が増加しており、一人ひとりの教育的ニーズに応じたきめ細かな指導の充実が求められています。あなたは校長として、特別支援教育の充実にどのように取り組みますか。現任校の課題をふまえて、具体的に述べなさい。

論文解答例

❶特別支援教育は、特別な教育的支援を必要とする児童生徒だけでなく、すべての児童生徒の学習や生活上の困難を克服するための教育であり、学校全体で取り組むべき重要な課題である。しかし、現任校では校内委員会の設置や、個別の教育支援計画や個別の指導計画の作成を通して特別支援教育の充実に取り組んできているものの、児童の能力や可能性を最大限に伸ばすまでには至っていない。そのため、校長として以下のことに取り組む。

1．教職員の理解の促進と校内体制の整備

　特別な支援を必要とする児童生徒に対する指導の質を高めるには、全職員が特別支援教育の理念を共有し、一丸となって取り組むことが重要である。

　まず、❷校長として、学校経営方針に特別支援教育の推進を掲げ、その実現に学校全体で取り組む姿勢を示し、すべての職員が特別な支援を必要とする児童生徒に対する支援者であるという意識をもたせる。次に、校内委員会を中心とした研修会を行い、特別支援教育の理念や内容を職員に周知する。また、❸特別支援教育コーディネーターに指示し、特別な支援を必要とする児童生徒の実態や指導・支援の状況、保護者や関係機関との連携について整理させ、そのことについて全職員で協議する場を設け、校内の状況や課題の共有化を図る。なお、❹私自身も、外部の研修会への参加や、

合格へのヒント

❶序論では、まず特別支援教育に対する基本的な考え方を述べ、次に現任校の課題に触れてから、本論の対応策につなげるようにします。

❷特別支援教育に学校全体で取り組むためには、学校経営方針に特別支援教育の推進を明確に位置づけ、職員の意識改革を図ることが大事です。

❸特別支援教育を充実させるには、組織の要となる特別支援教育コーディネーターの役割が重要です。校長として、コーディネーターがその役割を十分に発揮できるように、職務内容を明確に指示し、職員をまとめてリードできるように指導することが大切です。

❹組織や職員の心を動かすには、校長自身が率先して動くことです。

地区校長会での情報交換を通して研鑽を深め、そこで得た情報を特別教育支援コーディネーターに提供し、取組を支えていく。

２．保護者や関係機関と連携した教育環境の整備

特別な支援を必要とする児童生徒は、家庭環境や障害の状況や程度が異なり、指導・支援の仕方も多様で、校内の取組だけでは限界がある。

私は、保護者は児童生徒の生涯の支援者であるという認識のもと、保護者の思いを重く受けとめて対応にあたる。保護者から、学習や生活面での不安や課題を丁寧に聞き取り、❺校内委員会で合理的配慮を視野に対応策を検討し、個別の教育支援計画や指導計画の作成に活かす。日常の指導・支援においても、保護者との情報交換の場を設定し、連携して取り組む。さらに、❻特別支援教育に対するほかの保護者の理解を得るため、学校だよりやPTAの会合で説明したり、❼通級指導や交流及び共同学習の様子を公開したりする。

また、児童生徒の能力や可能性を最大限に伸ばすには、障害の状況や程度に応じた専門的な判断や指導が必要である。そのため、❽近隣の特別支援学校や教育センター、医療・福祉機関の活用を積極的に図る。

特別支援教育の充実には、児童生徒の将来を見通した広い視野に立った取組が求められる。❾校長として、このことを胸に刻み、確固とした教育理念のもと、学校経営に邁進する覚悟である。

❺障害者差別解消法の施行により合理的配慮が義務化されました。校長は内容を熟知し、職員に周知する必要があります。

❻特別支援教育の理念について、障害のある児童生徒の保護者だけでなく、そのほかの保護者に対しても正しく理解してもらうことが大事です。

❼通級指導や交流及び共同学習について触れることで、特別支援教育に精通していることを示すことができます。

❽地域の特別支援教育のセンターとしての機能をもつ特別支援学校と連携し、活用を図ることが大切です。

❾特別支援教育の充実に向けての決意を改めて述べることにより、論文が引き締まります。

合格論文のポイント

現在、小中学校の通常学級には、発達障害の可能性のある児童生徒が複数在籍しているのが実情です。論文では、教職員の特別支援教育に関する理解や指導力向上の方策、校内体制の整備、保護者や関係機関との連携について、校長の視点でどのように充実させていくかを具体的に論ずることが大切です。

3章　頻出「論文問題」への対策

【校長論文】⑦いじめの防止・対応

　いじめの認知件数や重大事態の増加、加えてメールやLINEを利用した ネットいじめが課題となっています。

　あなたは校長として、いじめのない学校づくりに向けてどのように取 り組みますか。現任校の状況をふまえて、具体的に述べなさい。

論文解答例

　児童生徒が安心して学校生活を送ることができる環 境を整えることは、学校の大切な役割であるが、❶こ れを脅かすようないじめ問題が多発している。現任校 でも５件のいじめを認知しており、ネットいじめも起 きている。私は校長として、いじめのない学校づくり に向けて以下のように取り組む。

１．いじめ防止に対する教職員の危機意識を高める

　いじめ防止対策にとって重要なことは、学校がいじ め防止対応への指針を明確に示し、全職員が共通理解・ 共通行動のもとで組織的に取り組むことである。私は まず、❷学校経営方針の重点目標にいじめ防止を位置 づけ、「いじめはけっして許さない」という校長の強 い意志を示す。そのうえで、全職員にいじめ防止基本 方針の趣旨や内容について繰り返し説明する。また、 全職員でいじめの現状分析や対応策について協議する 場を設定する。さらに、❸事例をもとにした研修会を行 い、いじめはどの子にもどこの学校にも起こり得るこ とを理解させ、いじめに対する危機意識を高める。

２．いじめに組織的に対応する校内体制の整備を図る

　❹学級担任や学年部任せのいじめ対応では不十分で ある。教職員一人ひとりが人権意識をもち、いじめの 発見や対応に組織的に対応することが重要である。そ のため、❺いじめ防止対策委員会がより機能的に動け るようにするため、組織や活動内容を見直す。具体的

合格へのヒント

❶出題の背景に触 れ、現任校のいじめ の状況、課題解決に 向けての方向性を示 して本論につなげる ようにします。

❷いじめ防止を学校 経営方針の重点に明 確に位置づけ、校長 のいじめ根絶に対す る強い信念と意志を 示します。

❸教職員一人ひとり の危機意識を高める ためには、身近に起 こった事例をもとに した研修を行うこと が大切です。

❹これまでのいじめ 対応の反省から導き 出された言葉を使う ことにより、組織的 な対応の必要性を強 調します。

には、委員会のメンバーに、心理や福祉の専門家、保護者や地域の代表者を加え、透明性のある組織にする。また、生徒指導主任をいじめ問題総括担当に任命し、いじめ問題を総括的に把握し、迅速に対応できるようにする。さらに、いじめ対策委員会の機能を事後対応型から未然防止を提案する企画提案型へ発展させるとともに、ケース会議や研修会を開催し、教職員の対応力を高めていく。

３．家庭・地域関係機関と連携した取組の充実を図る

　いじめ防止には、家庭や地域との情報共有に基づく連携が必要である。そのため、家庭や地域に、学校だよりや保護者会を通していじめの情報を公表するとともに、情報提供について協力を求める。また、❻ネットいじめは学校外で起こることが多く、家庭の協力が不可欠である。そのため、家庭に向けて、ネットいじめの事例を挙げながら情報モラルの大切さを啓発する。さらに、❼PTAと連携し、ネットいじめに精通した専門家を招いた研修会を開催し、スマートフォンを所持させるうえでの問題点や家庭でのルールづくりについて学ぶ機会をつくり、安全な使い方について共通理解をもって取り組む体制を構築する。

　いじめの対応にあたり、❽学校が事実を隠蔽したり歪曲したりすることがあってはならない。私は校長としてこのことを肝に命じ、全職員の人権意識を高め、いじめのない学校づくりに全力で取り組む覚悟である。

❺いじめ防止対策委員会が形骸化しているのではないかという指摘があります。管理職として、組織マネジメントを発揮し、改善策を明確に示すことが大切です。

❻誹謗中傷の書き込みや悪質な画像の掲載等、表面に見えないネットいじめについては、学校と家庭が連携して取り組むことが大切です。

❼ネットいじめについては、ネットパトロールに関する専門家や警察官から具体的な話を聞くことが有効です。

❽事実の隠蔽が後で大きな問題に発展することが多くあります。校長としての基本的な姿勢を示すことが大切です。

3章校長　頻出「論文問題」への対策

合格論文のポイント

　いじめ問題は学校の重要課題であり、全職員が「いじめはどの子にもどの学校にも起こり得る」という危機意識をもって取り組む必要があります。論文では、校長としていじめは絶対に許される行為ではないという強い信念のもと、解決に向けてどのようにリーダーシップを発揮するかについて明確に述べることが大事です。

【校長論文】⑧危機管理・学校安全

　近年、学校では校内や登下校時の事件・事故、地震や豪雨の自然災害など、児童生徒の安全を脅かす事案が多く発生しています。

　あなたは校長として、安全で安心な学校づくりにどのように取り組みますか。現任校の実情をふまえ、具体的に述べなさい。

論文解答例

　近年、校内や登下校中の事件・事故、感染症の流行、地震や豪雨など、児童生徒の生命を脅かす事案があとを絶たない。現任校でも、車との接触事故や不審者情報が多くあり、児童生徒の安全・安心を確保する環境整備が急務である。しかし、❶教職員の危機管理意識に温度差があることや危機管理体制が機能していないことが課題である。校長として以下のことに取り組む。

1．危機管理意識を高め、危機管理体制を確立する

　安全・安心な学校づくりの推進には、教職員の危機管理意識を高め、危機管理体制を確立することが重要である。私はまず、学校経営方針の重点に学校安全を位置づけ、校長として、安全・安心な学校づくりに対する強い決意を示す。次に、❷全職員で学校安全計画や危機管理マニュアルを点検する。その際、❸校内や地域の危険箇所の把握や危機的状況の想定と対応策について、職員個々に課題を課し、見直しを指示する。そして、全職員の危機管理意識を高め、不測の事態が起きても主体的に判断し、対応できるようにする。

　また、危機的状況に対応するには、全職員が危機管理マニュアルに基づき、共通行動ができる危機管理体制を構築する必要がある。そのため、❹安全主任を校務分掌に位置づけて組織体制を整え、施設・設備や通学路の安全点検を組織的・計画的に行う。また、警察官や防災の専門家を講師にした事例研修や体験型の研

合格へのヒント

❶教職員の危機管理意識の温度差は学校安全の組織的な取組に大きな障害となります。この温度差をどのようにして埋めるのかが校長としての重要な仕事です。

❷学校安全計画や危機管理マニュアルを全職員で点検することで、「危機管理は管理職の仕事」という意識を払拭し、職員個々の危機管理意識を高めることができます。

❸このように、見直しをするための具体的な手立てを述べることで、校長としての指導力を示すことができます。

❹組織として機能する危機管理体制を築くために、組織の核となる安全主任を校務分掌に位置づけることは有効です。

修、想定の範囲を広めた防犯・防災訓練を実施し、危機的状況に適切に対応できる体制を築く。

２．安全教育を充実し、危機予測・回避能力を培う

　事件・事故や災害は、いつどこで起こるかわからない。児童生徒に日常生活の中で起きる危険を予測する力や危険を回避する力、事故発生時に適切な行動ができる力を育成することが大切である。

　そこで、教務主任や各教科主任に指示し、❺<u>交通安全、生活安全、災害安全について各教科等で系統的に学習できる横断的な指導計画になっているか点検し、改善する。</u>とくに防災については、学校の立地条件や地域の地理的環境を考慮した防災計画を作成し、実践する。具体的には、総合的な学習の時間を活用し、地域で発生した災害を調べる学習や地域ハザードマップ作りに取り組む。また、安全教育の授業を充実させるために、指導計画に沿った教材・教具を資料室に保管し、いつでも使えるようにする。さらに、❻<u>安全教育の学習内容を学校だよりやホームページで家庭や地域に発信し</u>、事件や事故、災害に遭遇した場合の判断や行動について、家庭内でも日常的に話し合うことができるよう啓発する。

　❼<u>安全・安心な教育環境を築くことは学校経営の基盤である。</u>校長としてこのことを肝に銘じ、児童生徒が安心して学校に通え、保護者や地域から信頼される学校づくりに全力を尽くす覚悟である。

❺安全教育を教育活動全体で行うことが大切です。そのためには、各教科等の横断的な指導計画を作成する必要があります。

❻安全教育を充実させ、児童生徒に危険予測能力・危険回避能力を身につけさせるには、家庭・地域の協力が不可欠です。そのためにも、安全教育の学習内容等を発信し、保護者に理解してもらうことが大事です。

❼まとめでは、学校安全に対する校長としての決意を端的にまとめます。日頃から家庭・地域と情報を共有し、連携を深めておくことが重要です。

合格論文のポイント

　校長にとって危機管理は最大の責務であるという認識に立ち、全教職員が事故防止に対する注意義務を認識し、緊張感をもって安全管理に関わるための方策を述べることが大切です。

　具体的には、教職員の危機管理意識の高め方や危機管理体制の構築、安全教育の充実について論ずるようにします。

【校長論文】⑨教員の不祥事防止

　教職員の不祥事は、児童生徒はもちろんのこと保護者や地域の信頼を著しく損なうものです。しかし、飲酒運転、体罰、わいせつ行為などの不祥事があとを絶ちません。

　あなたは校長として、不祥事を起こさない職場づくりにどのように取り組みますか。現任校の状況をふまえ、具体的に述べなさい。

論文解答例

　教職員の不祥事があとを絶たず、学校の信頼が損なわれている。❶現任校でも、不祥事の事案は発生していないものの、生徒に対する不適切な言葉遣いや個人情報が載っている書類を放置するなどの不祥事につながる危険性を含んだ言動が見られる。不祥事防止には、職員個々の自覚とともに、学校組織全体での取組が重要である。校長として、以下のことに取り組む。

1．不祥事防止に向けた校内研修の充実を図る

　不祥事防止には、教職員に教育公務員としての自覚や使命感、倫理観をもたせることが重要である。

　私はまず、❷年度当初の職員会議において服務規律の確保について全職員に周知し、不祥事根絶に学校全体で取り組む強い決意を示す。次に、不祥事防止の研修を年間計画に位置づけて実施する。❸研修は、ロールプレイングや年齢や性別のバランスを考えた小集団による協議を多く取り入れるなど、職員が自分事として向き合えるよう内容を工夫する。また、研修で職員から提案された対応策については明文化して職員室に掲示し、朝の打ち合わせなどで常に確認し合う。さらに、法律の専門家を招聘し、不祥事に関わる法的根拠や懲戒処分の基準や内容に関する研修を実施する。

　なお、研修は短時間で効率よく行い、職員の負担にならないようにする。また、❹部活動開始の時期には

合格へのヒント

❶序論で課題に対する現任校の実態や問題点について述べ、本論の解決策につなげることで、筋の通った論文になります。

❷不祥事根絶のためには、校長自身が根絶に向けて強い決意を示すとともに、ことの重大さについて、自ら職員に語りかけることが大切です。

❸教職員の危機意識を高めるには、不祥事を自分事として考えさせることが大事です。そのためには、講話形式の研修より、ロールプレイングを導入するなどの実践的な研修が有効です。

体罰の研修、宿泊行事や宴席が多い時期にはハラスメントの研修を実施し、気の緩みを引き締め、実効性を高める。

２．不祥事を起こさない規律ある職場環境を築く

不祥事の根絶は校長としての責務であり、不祥事をけっして起こさない規律ある職場づくりが大切である。そこで、❺教頭を中心とした服務規律委員会を設置し、不祥事の未然防止、早期発見・早期解決を図るための組織を構築する。具体的には、学校の実情に即した服務規律の作成、不祥事発生時の組織体制、事態を悪化させない初動体制、関係機関との連携について明確にする。さらに、不祥事の情報を得た場合には、速やかに服務規律委員会に報告や相談ができる組織体制を築く。また、❻不祥事の背景には、互いに干渉しない雰囲気や孤立化など、職場内のコミュニケーション不足がある。そこで、職員がお互いに声をかけ合い、ハラスメントや体罰の現場に居合わせた場合には、制止することができる❼自浄作用のある職場にする。そのため、校長自ら職員の声に耳を傾ける姿勢を示し、教頭には、職員への明るい声がけと、職員同士がコミュニケーションを取りやすい職員室の管理を依頼する。

職員が日常の職務に意欲とやりがいをもって取り組むことが不祥事防止につながる。❽校長として、職員の精神衛生や健康管理に気を配りながら、不祥事を起こさない職場づくりをめざし、活気に満ちた学校経営に全力を尽くす覚悟である。

❹将来起こりそうな事態を想定して行う研修は、実効性があります。

❺不祥事防止には、校内に服務規律委員会を設置し、組織的に機能させることが大切です。

❻不祥事が発生する背景や要因を分析し、それに向けての解決策を述べることで説得力が出ます。

❼自浄作用のある職場は、職員一人ひとりの規範意識が高く、不祥事は起きにくいものです。そのためにも風通しのよい職場環境づくりが大事です。

❽結論では、不祥事根絶に向け、校長としての決意を述べます。

合格論文のポイント

不祥事根絶に向けては、教職員個々の意識改革と不祥事を起こさない組織づくりが求められます。論文では、不祥事を個人の問題として安易に処理するのではなく、学校全体の問題としてとらえ、組織的に取り組むことを念頭に置いて述べることが大切です。

3章　頻出「論文問題」への対策

【校長論文】⑩保護者・地域連携

　これからの学校は、地域の人々と目標やビジョンを共有し、地域と一体となって児童生徒を育む「地域とともにある学校」に取り組むことが求められています。あなたは校長として、このことにどのように取り組みますか。現任校の状況や課題をふまえ、具体的に述べなさい。

論文解答例

　❶現在、学校には地域社会と目標やビジョンを共有し、パートナーシップに基づく双方向の連携・協働に基づく「地域とともにある学校」づくりが求められている。しかし、現任校では、登下校の安全指導や放課後の学習支援など、地域からの支援に頼っているのが現状である。これからは、学校と地域の協働を軸とした連携による児童生徒の育成が重要であり、校長として、以下のことに取り組む。

1．連携・協働を推進する組織体制の整備

　学校と地域が連携・協働して児童生徒を育てるには、組織体制を整え、計画的に取り組むことが大切である。❷私は、学校経営方針の重点に地域とともにある学校づくりを掲げ、教育ビジョンが一目でわかるリーフレットを作成し、教職員や保護者、地域住民に説明する。そのなかで、学校と地域が一体となって教育活動に取り組むことが教育の質を高め、児童生徒の学力向上や健全育成につながることを説明する。

　次に、❸既存の学校運営協議会を機能させ、地域ぐるみで児童生徒を育てる協働体制を構築する。具体的には、地域の学校支援コーディネーターと校内の地域連携担当教員による連絡会を定期的に開き、連携・協働を推進する企画や調整を行わせる。また、この取組を円滑に進めるため、❹校長として地域に足を運び、学校に対する要望や意見を把握し、そのことを随時担

合格へのヒント

❶序論では、まず課題の重要性について述べ、次にそのことに関する現任校の課題に触れ、最後に課題解決の方向性を示すことで、筋の通ったわかりやすい文章になります。

❷学校経営方針に地域とともにある学校づくりを位置づけることで、教職員や保護者等に校長の連携に対する基本的な考えや姿勢を示すことができます。

❸国の施策でもある学校運営協議会を活用し、地域と連携・協働する組織体制を構築することは、校長として大切な視点です。

❹業務を担当教員だけに任せるのではなく、校長自らが率先して動き、職員を支えることが、人材育成につながります。このような姿勢は、採点者によい印象を与えます。

当教員に伝えるなどして支えていく。

2．学校と地域の双方に有益な教育活動の推進

　学校は、保護者や地域住民が教育活動に関わる体制を整えるとともに、学校が核となって地域づくりに貢献する活動に取り組み、学校も地域も互いに成果が得られる取組としていくことが大切である。

　❺前任校では、地域とのかかわりをテーマにした総合的な学習の時間に学校全体で取り組んだ。その結果、地域の文化や産業を学ぶ活動を通して、児童に地域への愛着や誇りを育むとともに、地域の活性化に役立ち、地域住民から喜ばれた。私はこのことに学び、児童生徒が地域に出向き、地域住民と積極的に関わる体制を整え、❻学校も地域も互いに成果が得られる教育活動を指導計画に位置づける。具体的には、環境汚染などの地域課題の課題解決に向けた学習や地域の伝統行事への参加など、地域に貢献できる活動に取り組む。

　さらに、❼学校が核となり、PTAや地域の自治体、関係機関と連携して学校安全対策協議会を設置し、地域ぐるみの合同防災訓練を実施する。そのことを通して、地域全体の防災意識を高めるとともに、学校と地域との信頼関係をより強固なものにする。

　❽「地域とともにある学校」は、児童生徒を育てると同時に、家庭や地域社会全体の教育力を高めることにつながる。校長として、このことを胸に刻み、学校と地域との連携・協働に全力で取り組む覚悟である。

❺実践に裏づけられた解決策は重みがあり、説得力があります。前任校の成功例をもとに解決策を述べることは有効です。

❻教育を組織的・計画的に行うためには指導計画の内容を充実させることが大切です。指導計画の作成と管理は、校長にとって重要な職務です。

❼「学校が核となり」の言葉を入れることで、地域との連携における学校の立場を明確に示すことができます。

❽結論のところで、改めて「地域とともにある学校」の意義に触れることで、課題に対して一貫して論じていることをアピールできます。

合格論文のポイント

　平成27年12月の中央教育審議会答申では、「地域とともにある学校」について、地域が学校を一方的に支援するという関係から、学校と地域がパートナーとして連携・協働し、学校を核とした地域づくりへと発展させていくことが重要であるとしています。校長として、この視点から論ずることが大事です。

3章　頻出「論文問題」への対策

【教頭論文】①人材育成・組織マネジメント

　現在、学校教育に関わる様々な課題が顕在化しています。そうした課題解決のために、すべての教職員が一体となって取り組むことのできる組織力の高い学校づくりを進めていくことが求められています。

　そうした学校にしていくために、教頭としてどのように取り組んでいこうと考えるか、現任校の実態をふまえて具体的に述べなさい。

論文解答例

　子どもを取り巻く社会環境の変化に伴い、❶学校が取り組むべき課題も多様化・複雑化している。教職員の個別の取組だけで、そうした課題を解決することは困難である。❷学校としての組織的な取組を強化し、全教職員が連携・協働して課題解決にあたっていかなければならない。しかし、従来、学校の教職員は独立意識が強く、❸組織立った取組を忌避する傾向があり、また若手教員が半数を占める現任校においては、そうした組織的な取組が十分できていない実態があり、組織力の向上が喫緊の課題となっている。そこで、教頭として組織マネジメントの考え方を取り入れ、次の視点から学校の組織力を高めていく。

1．取組方針の明確化と効果的な組織運営

　❹学校の教育活動を充実させるためには、教育活動の目標と取組方針を全教職員で共通理解したうえで、組織的に取り組んでいくことが必要である。しかし、現任校ではそれが意識されているとは言い難い。その原因は、❺学校全体の取組という意識が薄く、取組方針が各組織の目標や活動に反映されていないこと、課題に的確に対応できる組織になっていないことがある。

　❻そこで私は、学校経営方針を全教職員に再度周知し、各組織で設定する目標と具体的な取組に反映させる。そのうえで、いつまでに、何を、どの程度達成す

るかを明確にさせる。また、直面する課題に的確に対応できるよう組織自体の見直しを図り、❼主幹教諭とともに組織目標の達成状況を見守り、進行管理を行う。

２．若手教職員の学校経営参画意識の醸成

❽学校は組織体であり、すべての教職員が組織の一員として学校運営に積極的に関わることが大切である。しかし、現任校は指示されることを待つ若い教員が少なくない。学校の組織力を高めるためには、❾若手教員の主体的な経営参画意識とそのための能力を育てることが喫緊の課題となっている。

そこで、私は可能な限り❿若い教員にも組織のリーダーを任せるようにする。学校の教育目標の実現と経営方針を具体化するための組織目標を設定させ、経営計画を具体化するための教育活動を計画させる。その⓫助言者として主幹教諭や主任を各組織に配置し、OJTの考え方に基づいて指導・育成を進めていく。

こうした組織的な学校運営を強化していくためには、学校の教職員だけではなく、⓬保護者や地域も含めて組織化を図っていく必要がある。そのために、学校教育目標や経営方針など学校の情報を広く周知し、保護者や地域との連携・協働体制を整えていく。チーム学校という組織の要となる教頭として、組織力の高い学校づくりを進めていく。

❼実際に組織をどう動かしていくのかということにまで踏み込んだ方策になっています。

❽本論２で述べる方策の基本的な考え方を示しています。

❾自校の教職員の実態と課題が整理してとらえられています。

❿まず、教頭としての取組を具体的に述べます。

⓫方策を進めるうえでの配慮事項を示しています。

⓬本論で触れることができなかった方策に触れて、結論を構成しています。

合格論文のポイント

序論では、社会背景や学校教育のあり方などをもとに、設問のテーマである組織的学校運営を進めることの重要性を論じます。その際、設問が求める現任校の実態をふまえることが必要です。

本論では、複数の視点から組織的学校運営に取り組む方策を論じます。その方策は、組織編制や人材育成など、異なる視点から選択します。

結論は、本論で書けなかったことにも触れながら、教頭として全校的な立場から組織的な学校運営に取り組んでいく決意を述べます。

3章　頻出「論文問題」への対策

【教頭論文】②働き方改革・業務改善

　近年、教員の多忙化が指摘され、従来の献身的な教員像を前提とした教育では持続可能な学校にしていくことは困難な状況となっています。
　あなたは教頭として、教員が健康で創造的な教育活動に取り組めるよう、教員の働き方をどのように改革していきますか、現任校の課題を明らかにしたうえで具体的に述べなさい。

論文解答例

　学校現場において、教員の長時間労働が大きな問題となっている。❶「子どものためであれば、どんな長時間労働もいとわない」という考え方は結果的に教員を疲弊させ、子どものためにはならない。そうした働き方を見直し、自らの生活を豊かにするとともに指導力を磨くことが、充実した教育活動を創造することにつながる。

　現任校においても教員の働き方や業務にかかわって、教育活動の精選や学校運営体制の効率化といった課題が存在している。それを❷学校の課題として深く認識し、学校自身が改革を進めていかなければならない。私は教頭として、以下の視点から教員の働き方改革に取り組んでいく。

1．経営方針に基づく教育活動の整理・統合

　学校の教育活動は、❸どれも教育的な意義があり、その活動をやめることは簡単ではない。現任校でも、教育課題解決のための新たな活動を始めたが、以前から行われている活動もそのまま残り、結果的に多忙化が進行している実態がある。

　私は、教頭として、❹校長が示す学校の経営方針と重点課題に基づいて、❺すべての教育活動の見直しをさせる。重点的に取り組むものと軽く扱うものを選別させて、教育活動の整理・統合、軽減化等を進めてい

合格へのヒント

❶教員によく見られる考え方の誤りを指摘しています。

❷この問題に取り組む基本的な姿勢を述べています。

❸学校の行事等が精選できない根本的な原因はここにあります。

❹教頭として学校経営に携わるときの基本として、校長の経営方針を位置づけておく必要があります。

❺教育活動の見直しは学校行事に限らず、全ての教育活動を対象とします。

く。

２．業務の分担の見直しと外部人材の活用

　社会に開かれた教育課程という言葉が使われ、学校と保護者・地域が協働して子どもの教育を行っていくことの必要性が言われている。しかし、本校の教員にも❻教育活動は教員が担うという考え方が根強く存在している。中教審答申が示すように、必ずしも教員がしなくてもよい業務は少なくない。

　そこで、❼業務検討委員会を組織し、教員以外が担うことが可能な業務を抽出させる。それを❽教員以外の職種に割り振ったり、地域ボランティアに任せたりする体制を整える。確かに、教員に任せれば安心ではあるが、学校として教員以外に任せることができることは任せていく。

　教員の働き方改革を外部任せにするのではなく、学校自身の課題として捉える。そのために、❾時間を意識して業務を進めるという教員の働き方に対する意識改革も含め、能率的・効率的な働き方の推進を通して学校教育の充実に全力を注いでいく。

❻これからの教育は、学校・家庭・地域がそれぞれの役割を果たすという考え方に立つことが必要です。

❼働き方改革を学校の問題としてとらえ、組織的に取り組むことが必要です。

❽チーム学校の考え方に立った学校経営の一つの姿です。

❾すべての働き方改革を進める方策の基盤に据えなければならない考え方です。

合格論文のポイント

　序論では、「働き方改革」「業務改善」を進めていくことの必要性を論じます。単に文部科学省や教育委員会の考え方を引き写すのではなく、自身の教育観に基づいて論じることが大切です。そのうえで、働き方改革に取り組む基本的な視点を示して本論に結びつけます。

　本論では、序論で述べた自校の実態や課題をふまえ、具体的な方策を論じます。その際、文部科学省が示している働き方改革の視点や各教育委員会の通知などを参考にします。

　結論では、本論で示した方策を貫く基本的な視点や、本論でふれられなかった方策などにふれながら論文をまとめます。

✍ 3章　頻出「論文問題」への対策

【教頭論文】③ICT活用の推進

　社会全体のデジタル化・オンライン化が急速に進むなかで、GIGAスクール構想に基づいて児童生徒に1人1台端末が配備され、ICTを活用した教育活動の改善・充実が求められています。

　あなたはこのことをどのように受けとめ、教頭としてどのようにICTを活用した教育活動を進めていくか、現任校の課題をふまえて具体的に述べなさい。

論文解答例

　高度化した❶AIなどの先端技術が社会を大きく変えるSociety5.0時代を迎え、学校教育も変わっていかなければならない。生徒一人ひとりに配備された❷タブレット端末などのICT機器を効果的に活用し、教育活動の改善・充実を図っていくことが必要である。とくに、今求められている主体的・対話的で深い学び、個別最適な学びと協働的な学びの実現など、授業改善のためにICTを活用していくことが重要である。

　現任校においては、❸ICTを積極的に使用する教員とそうでない教員とに二極化している現状がある。また、ICTを使用すること自体が目的化してしまって、本当に生徒の深い学びにつながっているのか疑問をもたざるを得ない実践も見られる。そうした課題をふまえ、私は教頭として、次のように取り組んでいく。

1. ICTを活用した授業改善

　学校教育における❹ICT活用の最大の目的は、授業改善にある。ICTを効果的に活用することで、❺生徒が主体となって学びを進め深める学習、生徒一人ひとりの状況に応じた個別学習とそれを支える協働的な学習などを実現させる。そのために、授業でのICT活用の目的と方法を共通理解することが重要である。

　私は、ICTを用いた問題解決的な学習や表現・制作

合格へのヒント

❶AIなどの先端技術の発展やSociety5.0時代などを詳しく説明する必要はありません。

❷タブレット端末などの活用が大きな課題になっていますので、必ず触れるようにします。

❸現任校の課題は、このように序論でまとめて示す方法と、本論で述べる個々の方策の最初に示す方法があります。

❹ICT活用の目的を明確に示しています。

❺ICTを活用した授業改善の具体的な姿が示されています。

活動などの情報を提供するとともに、授業研究会を開催して具体的な方法を浸透させる。また、❻随時授業観察を行い、必要に応じて個別指導をしていく。

２．教員のICT活用指導力の育成

　ICTは、❼特定の教員が特別な授業で活用するものではない。すべての教員が、あらゆる授業で活用する可能性を探っていかなければならない。そのための教員の資質・能力の育成が必須となる。私は、❽実際に活用させることでICT活用の資質・能力を育む。

　そのために、❾ICT活用推進委員会を組織し、各学年に担当教員を配置し、ICTの活用を支援する体制を整える。また、すべての教育活動を見直し、指導計画にICTの活用を位置づけてICTを使う状況を創り出す。また、委員会を中心にICTの活用に関する校内研修会を計画的に開催していく。

　❿ICTに関わる状況は刻々と進歩している。私は、委員会を中心として、PDCAサイクルに基づいてICTの活用状況を調査・分析し、定期的に評価・改善を図っていく。必要に応じて、⓫専門家との連携・協働や外部人材の活用など、多様な試みに挑戦させる。

❻学校全体での取組に加えて個別の取組が示され、方策の幅広さが感じられます。

❼中央教育審議会の答申でも示されている重要な考え方です。

❽受験者の基本的な考え方が示されています。

❾教頭としての組織的な資質・能力育成の取組になっています。

❿現在のICT活用の状況を的確に把握しています。

⓫高度化するICT技術の進歩に対応するために欠かせない方策です。

合格論文のポイント

　序論では、設問のテーマである「ICTの活用」を進めていくことの必要性を論じます。このテーマでは、Society5.0時代の到来や社会全体のデジタル化・オンライン化の進展など、社会環境の変化に触れることは欠かせないでしょう。そのうえで、設問が求める現任校の課題を整理して示します。

　本論では、序論で述べた現任校の課題に基づいて、その課題を解決するための具体的な方策を論じます。その際、中央教育審議会から出された答申などにおけるICTの活用の基本的な考え方などを参考にします。

　結論では、本論で示した方策を支える留意点や本論で触れられなかった方策などに触れながら論文をまとめます。

3章 頻出「論文問題」への対策

【教頭論文】④教育課程の実施

　新学習指導要領では、カリキュラム・マネジメントの考え方を取り入れて教育課程を編成し、これからの時代に求められる資質・能力を育成していくことを求めています。

　あなたは教頭として、どのように教育課程の編成・実施に取り組むか、自校の課題をふまえて具体的に述べなさい。

論文解答例

　新学習指導要領では、❶「社会に開かれた教育課程」の理念のもと、これからの社会で必要な資質・能力を育むために、カリキュラム・マネジメントの考え方を取り入れて教育課程を編成し実施していくことを求めている。❷カリキュラム・マネジメントにより既存の組織や取組を生かしつつ、教育の質の向上を図るためには、学校評価との関連を図りながら教育課程を見直し、PDCAサイクルを機能させて改善・充実を図っていくことが重要である。そこで私は、以下の視点から教育課程の編成・実施に取り組んでいく。

1．育成する資質・能力を明確にした教育課程の編成

　学校教育は組織的な活動であり、❸全教職員が共通の目標の実現に向かって進めていくことが重要である。それが学校としての総合的な教育効果を向上させることになり、地域の信頼を得ることにつながる。しかし、❹現任校では、個々の教育活動自体に意義はあるが、学校としての統一した目標が意識されていない現状がある。

　そこで、私は❺校長の経営方針をもとに学校として育成すべき資質・能力を明確にし、全教職員に浸透させる。そのうえで各分掌担当者に指示し、❻教科等横断的な視点からそれぞれの教育活動の目標や内容に反映させていく。また、その資質・能力の視点を中心に

合格へのヒント

❶「社会に開かれた教育課程」は、新教育課程の基盤となる考え方です。

❷カリキュラム・マネジメントの基本的な考え方を示します。これが、次に述べるマネジメントサイクルを重視することにつながっています。

❸組織として進める学校教育に欠かせない視点です。

❹設問で求めている「自校の課題」を示しています。

❺教頭としての基本的な姿勢です。

❻組織的な教育活動の効果を高めることにつながります。

教育活動の評価を行い、教育課程の改善・充実に結びつけていく。

２．全教職員で取り組むカリキュラム・マネジメント

　教育活動の不断の見直しと改善・充実を図っていくためには、❼教育課程の編成・実施・評価・改善という一連のPDCAサイクルを確立することが大切であるが、それを❽一人ひとりの教職員が意識して取り組めていないことが現任校の課題である。

　そのために、分担している校務分掌ごとに、組織としての達成目標を明確にさせる。そのうえで定期的に面接の場を設け、❾その実施状況、教育資源の活用、地域社会との連携・協働体制といった多様な視点から確認し、評価・改善させていく。❿若い教職員が増加している現在、そうした具体的な教育活動に即してカリキュラム・マネジメントの考え方を浸透させ、一人ひとりの教職員が主体的に学校運営に参画する意識を高め、教育課程の充実に結びつけていく。

　カリキュラム・マネジメントの考え方に立った教育課程の編成にあたっては、⓫地域も含めて人的・物的資源の効果的な活用を考えていくことが大切である。私は、学校と地域とを結びつけるパイプ役となり、地域と連携した教育課程の編成と実施に努力する。

❼カリキュラム・マネジメントの基本です。

❽２つ目の方策の立案につながった自校の課題を述べています。

❾カリキュラム・マネジメントの考え方に立った視点を述べています。

❿教頭としての重要な職務である教職員の指導・育成を意識して論じています。

⓫本論で論じられなかった新教育課程の基盤となっている考え方に触れています。

合格論文のポイント

　序論では、新教育課程の基盤となっている「社会に開かれた教育課程」にも触れながら、設問のテーマであるカリキュラム・マネジメントに対する基本的な考え方を論じ、取組姿勢を述べるようにします。

　本論では、２～３つの視点から新教育課程の編成・実施に取り組む具体的な方策を論述します。その際、設問が求めている現任校の課題を明確にするとともに、教頭としての立場に立った方策を示すことが重要です。

　結論では本論で書けなかったことも触れながら、教頭として全校的な立場に立って教育課程の編成・実施に取り組んでいく強い決意を述べます。

✑ 3章　頻出「論文問題」への対策

【教頭論文】⑤授業改善

　学校には、これからの社会で生きていくための資質・能力を育成するための教育活動の充実を図ることが求められています。とくに、学力向上に向けた授業改善は、学校教育の喫緊の課題となっています。

　あなたは教頭として、このことをどのように受けとめ、どのように授業改善に取り組んでいくか、自校の実態をふまえて具体的に述べなさい。

論文解答例

　学習指導要領では、生きる力の育成という基本理念に基づき、❶これからの社会で必要となる資質・能力の育成を求めている。そのための中核となる場は日々の授業であり、❷「主体的・対話的で深い学び」の視点に立った授業改善が求められている。また、令和3年1月の中央教育審議会の答申により「個別最適な学びと協働的な学び」という考え方も示されている。しかし、現任校では、❸それらが実現しているとは言い難い。その原因は、授業改善の視点が明確になっていないことや教員の授業力にあるととらえている。そこで、次の視点から授業改善に取り組んでいく。

1．課題の明確化と授業改善の視点の共通理解

　❹どの教員も楽しい授業、わかる授業にしようという気持ちをもって日々の授業に取り組んでいる。しかし、その取組が教員によって異なり、学校総体としての授業改善にはつながっていない実態がある。したがって、❺学校としての課題を明確にし、統一した方針で授業改善に取り組んでいくことが課題となっている。

　そこで、まず❻教務主任に指示して学力調査の結果を分析させ、学校としての学力向上に向けた課題を明らかにする。その課題をもとに学校として目指す授業像を明確にし、具体的な授業改善の手順や方法の統一を図る。そのうえで、❼教務主任や研究主任に指示し

合格へのヒント

❶新学習指導要領が目指す基本的な考え方で、確かな学力もその中に含めて考えることができます。

❷今求められている「授業改善」の具体的な視点です。

❸設問が示す論述の条件にしたがって、自校の実態を分析して論じます。

❹自校の教員の姿を肯定的にとらえた文章は、好感がもてます。

❺自校の課題が明確に示され、論じたいことがはっきりします。

❻組織的な方策を考えていることがわかり、管理職としての力強さを感じさせる表現です。

て教材や指導計画を見直させるとともに、授業研究を通して指導方法の具体化を図っていく。

2．若手教員の授業力の向上

❽学校の若返りが進み、現任校では経験6年未満の教員が半数を占める。そうした若手教員は、授業をよくしたいという強い気持ちはもっているが、そのための能力や技術が伴っていない現実がある。❾指導のポイントが把握できていない、子どもの状況や変化に気づかない、子どもに即した柔軟な対応ができない、指導方法が画一化されているなどがその実態である。

そこで、私は教頭として❿教員の授業力に関わる課題を明確にし、一人ひとりの指導育成計画を作成する。そのうえで⓫学年主任や教科主任を組織してOJTによる指導育成システムを構築する。私自身も授業観察を通しての授業場面に即した具体的な指導を重ねていく。

授業改善を進めていくためには、よりよい授業を成り立たせるための環境を整えることが欠かせない。教頭として、⓬学校図書館などの校内施設はもちろん、地域の人的・物的資源を効果的に活用できるようにする。とくにGIGAスクール構想によって⓭整備されたICT環境を、授業改善に生かす環境を整える。

❼❻と同様、管理職としての力強さを感じさせます。

❽自校の実態をふまえた方策になっていることがわかります。

❾自校の教職員の実態が分析的にとらえられています。

❿まず、教頭として取り組むことを述べます。

⓫教頭としての取組をもとに、組織的な取組につなげています。取組の手順がはっきりしています。

⓬学習指導要領が重視している考え方です。

⓭ICTの活用は、授業改善には欠かせない方策です。

合格論文のポイント

序論では、社会的背景や学習指導要領の記述などをもとに、設問のテーマである「授業改善」を進めることの重要性、具体的な授業改善の視点などを論じたうえで、設問が求める現任校の授業改善に関わる実態を述べます。

本論では、2〜3つの視点から授業改善に取り組む具体的な方策を論述します。その方策は、教員の指導・育成、組織編制や運営など、教頭として学校の経営課題を解決するための方策にすることが重要です。

結論は、本論で書けなかったことにも触れながら、教頭として全校的な立場に立って「授業改善」に取り組んでいく決意を述べます。

3章　頻出「論文問題」への対策

【教頭論文】⑥特別支援教育

　障害のある子どもと障害のない子どもが可能な限り共に学ぶ、インクルーシブ教育の重要性が指摘されています。

　特別な教育的支援を必要とする児童生徒が増加しているなか、この指摘をふまえ、あなたは教頭としてどのように特別支援教育の充実を図りますか。現任校の状況と課題をふまえ、具体的に述べなさい。

論文解答例

　❶インクルーシブ教育とは、障害の有無によって分け隔てられることなく、相互に人格と個性を尊重し合いながら共生する社会を実現するための教育である。そのために❷「障害者差別解消法」が求める「合理的配慮」等を行い、障害のある児童とない児童が共に学び、共に育つ教育を具体化していく必要がある。しかし、❸そこには、教職員はもとより児童や保護者の意識改革、授業や学級経営の改善・充実など解決すべき課題が数多く存在する。

　そこで私は、インクルーシブ教育に対する理解啓発を図るとともに、一人ひとりの教員の指導力を高め、特別支援教育の充実を図っていく。

1．インクルーシブ教育に対する教職員の理解啓発

　❹インクルーシブ教育を推進するためには、一人ひとりの教職員の理解を促し、学校としての特別支援教育の推進体制を整えていく必要がある。そこで、まず教員の意識改革に取り組む。教務主任や研修主任に指示し、特別支援教育に関する研修会を企画させる。インクルーシブ教育の考え方について学ばせるとともに、❺実際に障害のある方の話などを通してインクルーシブ教育の重要性を実感させる。そのうえで、❻個別の教育支援計画や個別の指導計画を見直させ、個々のニーズにあった教育が十分提供できているか検討さ

合格へのヒント

❶まず、設問のテーマであるインクルーシブ教育に対する基本的な考え方を述べます。

❷それを具体化するためのひとつの視点として「合理的配慮」を示してます。

❸設問が求めている「現任校の状況と課題」です。

❹インクルーシブ教育を推進するための基本的な考え方を示しています。

❺実際に障害者と触れ合うことは、研修の重要なポイントとなります。

❻研修しただけで終わらせず、実際に取り組ませることが大切です。

せる。また、_❼専門家や関係機関との連携体制を確立し、個々の子どもの障害の状態やニーズに応じた指導や支援の体制を整える。

2．インクルーシブ教育充実に向けた指導力の向上

　特別支援教員の成否を左右するのは、_❽一人ひとりの教職員の授業力と学級経営力である。_❾障害のある児童生徒を含めて、一人ひとりの児童の学習状況、特性等を正確に把握し、指導方法の工夫につなげていく必要がある。その基本は、ユニバーサルデザインの考え方に立った授業をつくることである。そこで、校内研究で授業改善を取り上げ、ユニバーサルデザインの考え方に基づいた視覚化の工夫、学習のねらいの明確化と提示の工夫、子どもの考えの共有化などの具体的な授業のあり方を追究させる。また、_❿実際に特別支援教育に携わる方を講師として招聘し、具体的な事例を学ぶ機会を設ける。それを全校で共通して実践していくことで個々の教職員の授業力を高め、特別支援教育の充実に結びつけていく。

　_⓫インクルーシブ教育システムを構築するためには、保護者や地域の理解を得ることが欠かせない。私は学校だよりやホームページを通して、校内の特別支援教育に関する情報を定期的に発信し、具体的な実践を通して保護者や地域の啓発活動に努めていく。

❼専門家や関係機関との連携体制の確立は、管理職の重要な役割です。

❽特別支援教育充実のために、授業力に加えて学級経営力の向上を挙げています。

❾個々の障害に対応する教育は、全ての子どもの学びに有効に作用するという考え方に基づいています。

❿特別支援教育のセンター的役割を意識した取組です。

⓫特別支援教育の理念、考え方、具体的な取組などについての幅広い理解が欠かせません。そのための情報発信は、教頭の重要な役割です。

合格論文のポイント

　序論では、設問のテーマであるインクルーシブ教育を具体化することの重要性について、しっかりと論じます。その際、「障害者差別解消法」や「合理的配慮」に触れることが欠かせないでしょう。

　本論では、現任校の課題に基づいて、インクルーシブ教育推進のための方策を論じます。教頭としての具体的な取組を示すようにします。

　結論は、本論で書けなかったことにも触れながら、教頭として保護者や地域と連携・協働体制の確立に取り組んでいく決意を述べます。

3章 頻出「論文問題」への対策

【教頭論文】⑦いじめの防止・対応

いじめが社会問題となり、平成25年に「いじめ防止対策推進法」が施行されましたが、一向に改善の兆しが見られません。文部科学省の調査によると、令和3年度の全国のいじめの認知件数は61万件を超え、SNSなどのインターネットを使ったいじめも増加しています。

あなたは教頭としてこの状況をどう受けとめ、いじめ問題にどのように取り組むか、自校の実態をふまえて具体的に述べなさい。

論文解答例

❶いじめはいかなる理由があろうと許されない行為であり、いじめ問題から子どもを守ることは、教育に関わるすべての者の責務である。教頭として、❷いじめの未然防止対策に万全を期すこと、いじめ問題の解決に組織的に対応する体制を整えることが重要である。

いじめは、どの学校でも、どの学級でも起こり得る。また、誰もがいじめる側に立ったり、いじめられる側になったりする。❸若手教員が半分を超える本校の実態をふまえ、そうしたいじめ問題の特徴をすべての教職員に認識させ、危機感をもっていじめ問題に取り組んでいくよう、次の視点から指導していく。

1. 互いに認め合う、居場所のある学級づくり

子どもにとって、学校生活の中心の場は学級である。❹学級は、すべての子どもが自分のよさを発揮し、それが友だちから認められる場でなければならない。そうした❺好ましい人間関係が築かれている学級には、一人ひとりの子どもの居場所があり、いじめ問題は起こらない。

私は、互いのよさを見つけ合い、互いに協力し合う学級づくりを進めるよう若手教員に指導する。そのために、❻一人ひとりが活躍できる集団活動、とくに一緒に汗を流すことのできる体験的活動、奉仕的活動を

合格へのヒント

❶いじめ問題に対する基本認識ですが、時に、その認識が薄くなってしまう傾向があります。

❷あらかじめ、本論で取り上げる方策の視点を示しておきます。

❸設問が求めている「自校の実態をふまえ」に応える論述です。

❹学習指導要領の総則でも指摘している、学級経営の重要性です。

❺自分の考え方を力強く言い切ります。

❻学級経営で取り入れるべき、具体的な取組を示します。

学級経営に位置づけるよう指示する。いじめの未然防止は、学級経営にあることを認識させる。

２．いじめの早期発見・早期対応のできる組織づくり

不幸にして❼いじめが起きてしまった場合、その苦しみから子どもを救う道は、早期発見・早期対応以外にない。そのために、個々の教員に児童の日常的な行動をしっかり観察させる力を養う。しかし、そうした個人の努力には限界がある。❽多くの目で子どもたちの状況を見守ることが、早期発見・早期対応につながる。

私は、生徒指導部を中心に❾養護教諭やスクールカウンセラーなども含め、子どもの人間関係を把握するチームを組織する。定期的に話し合いを行うとともに、必要に応じて❿保護者や地域の方との情報交換、情報共有の場を設ける。いじめの兆候が発見された場合は、教育相談所のカウンセラーなど外部の専門家の力も借り、⓫迅速で的確な対応をとっていく。

ICT機器が普及した現在、⓬陰湿化したネットいじめなども増え、解決に困難を伴う傾向にある。私は全校を挙げた情報モラル教育を推進するとともに、家庭や地域との連携も強化し、いっそうの危機感をもっていじめの未然防止と早期発見・早期対応に全力を注ぐ。

❼未然防止に続いて、いじめが起きてしまった場合の方策を取り上げます。

❽組織的に取り組むことの必要性を指摘します。

❾異なる立場の教職員も組織することで、学校のチームとしての取組にすることが重要です。

❿これも、チーム学校としての取組になります。

⓫いじめ問題への対応のキーワードの１つが「的確な対応」です。

⓬もう１つの課題である「ネットいじめ」について、どこかで触れる必要があります。今回は、結論で取り上げました。

合格論文のポイント

序論では、いじめは許されない行為であることを改めて強調するとともに、現代のいじめの特徴にも触れながら危機意識をもって対応することの重要性を指摘し、いじめ問題への対策の視点を示します。

本論では、自校の実態をふまえ、２～３つの柱を立てて具体的な対策を論述します。いじめの未然防止対策、組織的な対応などが論述の視点となります。とくに若手教員が増えている現在、良好な人間関係に基づく学級経営を進めていくことは、いじめ防止の重要な方策となります。

結論は、本論で書けなかったことにも触れながら、教頭として全校的な立場に立っていじめ問題に取り組んでいく強い決意を述べてまとめます。

【教頭論文】⑧危機管理・学校安全

　地震や台風などの自然災害の発生、交通事故や凶悪事件の頻発、新型コロナウイルス感染症の流行など、学校や児童生徒の「安全・安心」に関わる問題は多様化しています。

　あなたは教頭としてこうした問題をどう認識し、どのように学校や児童生徒の安全・安心の確保に取り組んでいくか、具体的に述べなさい。

論文解答例

　学校は、❶子どもたちが自己実現を図り、人格形成をしていく場である。そのためには、子どもたちが安全に過ごし、安心して学ぶことのできる場でなければならない。しかし、いつ起こるかわからない自然災害や感染症の問題、また頻発する凶悪犯や変質者の出没、交通事故など、子どもたちの安心や安全を脅かす状況は多様化するとともに複雑化し、その深刻さも増している。❷子どもの安全・安心を確保することは、学校関係者の使命であり、避けて通ることのできない重要な課題である。私は、教頭として、次の視点から「安全・安心」な学校づくりに取り組んでいく。

１．❸危機管理マニュアルの日常的な点検と徹底

　学校の安全・安心体制の構築は、個々の教職員の努力だけでは不可能であり、すべての学校関係者が協力し、組織的に取り組むことが不可欠である。また、過去の事例から学ぶことも大切である。それらを体系化して具体化した危機管理マニュアルを❹常に効果的に活用できるようにしておくことが必要である。しかし、それが意識されていない実態がある。

　そこで私は、❺各組織の主任層に指示してマニュアルを点検させ、様々な場面や状況に応じて柔軟に対応できる対応策を考えさせ、マニュアルに反映する。それを全教職員で確認し、一人ひとりの役割の共通理解

を図る。そのうえで定期的に訓練等を実施し、日常的にマニュアルの点検・修正を進めていく。また、⑥保護者や地域の関係者ともマニュアルを共有し、学校・地域を挙げて子どもの安全・安心を守る体制を整える。

2．「自分の命は自分で守る」教育の推進

　これまで、学校の避難訓練は授業中や休み時間を想定して実施されてきた。しかし、⑦実際の災害や事故は、いつ、どこで起こるか予想できない。周囲に大人がいるとは限らず、子どもだけで判断し、行動しなければならないことも十分想定される。東日本大震災では⑧「津波てんでんこ」という言葉の重要性が再認識された。そこで、⑨災害や事故から自分自身の身を守る態度と能力を育成する視点から、安全教育の方法と内容の見直しを指示する。様々な場面における事件や事故を想定した教材と指導計画を作成させ、主体的に判断し行動する資質と能力を養っていく。また多様な場面と状況を想定した避難訓練や防災訓練などを実施し、⑩危機管理のマンネリ化を防いでいく。

　学校の安全・安心の確保は、いつ起こるかわからない事態に備え、⑪永久に続く終わりのない営みである。そうであるからこそ、教頭として緊張感を持ち続け、教職員の先頭に立って安全・安心の学校づくりに全力を注ぐ所存である。

⑥序論で述べた安全・安心に対する基本的な考え方を具体化する方策を示しています。

⑦これまでの安全教育の問題点を指摘しています。安全教育の根底に置くべき考え方です。

⑧津波だけでなく、あらゆる災害時に当てはまる言葉です。

⑨安全教育の基本的な考え方、目標を述べています。

⑩危機管理に関わって、最も陥りやすい課題です。

⑪安全・安心な学校づくりのために最も大切な心構えです。

合格論文のポイント

　序論では、社会状況の変化や学校教育の役割などをもとに、設問のテーマである安全・安心な学校づくりの重要性を論じます。ここで、学校の安全・安心を脅かす個々の要因について深入りする必要はありません。

　本論では、複数の視点から安全・安心な学校づくりへの取組方策を論じます。安全管理と安全教育など異なる視点から方策を述べます。

　結論は、本論で書けなかったことにも触れながら、教頭として全校的な立場から安全・安心な学校づくりに取り組んでいく決意を述べます。

【教頭論文】⑨教員の不祥事防止

　マスコミ等で教職員の不祥事が大きく取り上げられ、学校教育全体への信頼が揺らぐ事態に陥ることが少なくありません。教職員の不祥事防止が長い間言われてきたにもかかわらず、それが実現できていない現状があります。こうした状況をふまえ、あなたは教頭として不祥事の根絶に向けてどのように取り組んでいくか、具体的に述べなさい。

論文解答例

　❶学校教育は、教職員と児童生徒はもとより、学校と保護者や地域との間の信頼関係のうえに成り立つ営みである。そうした信頼関係を一瞬にして壊してしまうのが不祥事である。残念ではあるが、体罰やわいせつ行為、個人情報の流出など、教職員の不祥事が話題となることは珍しくない。文部科学省の調査では、❷令和３年度に懲戒処分等を受けた教職員の数は4,600名を超えている。不祥事が起きる要因は様々で、一概に断定はできないが、❸学校教育が組織として進められている以上、組織の問題として取り組んでいく必要がある。私は、次の視点から不祥事の根絶に取り組む。

１．教職員の資質・能力の向上

　教職員が起こす不祥事の原因として、教員の指導力不足が考えられる。❹とくに体罰は、自らの指導力不足を教師としての権威と力で補おうとする行為に他ならない。一人ひとりの教職員の資質や能力を育成していくことは、必然的に不祥事の防止につながっていく。

　私は、❺まず、研修を通して教育公務員としての意識の向上と、指導力の向上を図る。子どもや保護者との信頼関係の重要性について考えさせ、不祥事を起こさないという意識を育てていく。そのうえで、学校全体の教育の質の底上げを図る。教務主任や教科主任等に指示して校内研修の充実を図るとともに、学年会や

合格へのヒント

❶学校教育に対する基本的な認識であり、教育者としての高い見識を感じさせる言葉です。

❷具体的なデータを示すことで、説得力のある文章になります。

❸管理職として学校経営に取り組む基本的な姿勢がよく表れています。

❹教職員の不祥事の中で、大きな問題となる体罰を取り上げていることは適切です。

❺「まず」「そのうえで」「次に」といった順序性を表す言葉を使って、指導の手順に従って具体的な取組を述べています。

教科部会を活性化させ、その成果を日々の教育活動に反映させていく。次に、❻個々の教職員に目を向けて指導力に課題のある教員の実態を分析し、課題を明確にする。それを基に学年主任を中心に❼育成計画を作成し、OJTを通して指導力の向上を図っていく。

2．定期的な服務研修の内容・方法の改善

不祥事は、❽法的にも人間的にも許されない行為であることは誰もがわかっている。しかし往々にして不祥事が起きるのは、緊張感が欠けてしまうことが原因である。現任校でも子どもへの不適切な言動など、不祥事につながる心配のある事例も存在し、❾定期的に行っている服務研修の実効性を高める必要がある。

私は、研修の内容や方法を見直して改善を図り、緊張感を持続させる。❿身近に起きた具体的な事例を取り上げ、その原因を分析させて防止策を検討させる。グループ討議などを取り入れて、自身の問題として考えさせる。また、不祥事防止に向けて日常的に情報提供を続けるとともに、⓫自己の行動を振り返る行動チェック表を作成し、研修会での学びを具体化する。

不祥事の根絶は、最終的には一人ひとりの教職員の意識にかかってくる。教職員が学校という組織の一員であるとともに、⓬学校というチームを代表する一人であるという意識をもたせるため、チームとしての学校づくりを進めていく。

❻学校全体への指導に加えて、教職員個人への指導について論じています。

❼組織を活かした指導力向上の取組です。

❽不祥事の本質を表している文章です。

❾現任校の実態から導き出した方策を取り上げています。

❿理念を伝えるだけの研修では実効性を高めることはできません。参加型の研修にすることが重要です。

⓫研修の内容を日常化する取組です。

⓬組織としての機能を活用する考え方です。

合格論文のポイント

序論では、社会が期待する学校教育の役割などをもとに、設問のテーマである不祥事を防止することの重要性を論じます。

本論では、教職員個人と組織全体の2つの側面から、不祥事防止に取り組む方策を論じます。

結論は、本論で書けなかったことにも触れながら、教頭として全校的な立場に立って不祥事防止に取り組んでいく決意を述べます。

✍ 3章　頻出「論文問題」への対策

【教頭論文】⑩保護者・地域連携

新しい時代に対応した教育を進めるために、これからの学校は「社会に開かれた教育課程」を実現し、「家庭や地域社会との連携及び協働を深めること」が必要です。あなたは教頭として、このことをどのように受けとめ、どのようにして家庭や地域社会との連携に取り組んでいくか、あなたの学校の実態をふまえて具体的に述べなさい。

論文解答例

❶学習指導要領では「社会に開かれた教育課程」の必要性を強調している。これまでも、開かれた学校の重要性が指摘されていたが、それをさらに進め、❷学校と地域との組織的・継続的な連携・協働体制を確立していくことを求めている。その背景には、❸学校教育が学校という殻の中だけで行われ、真に社会で役立つ資質・能力が育成されていない、地域の貴重な教育資源が活かされていないという実態があるととらえている。これからの社会に生きていく子どもたちには、❹地域の教育力を生かして、新しい時代に求められる資質・能力を身につけさせていくことが求められる。

そこで、私は、教頭として次の2点から、保護者や地域との連携・協働体制を確立していく。

1．学校教育の方針や内容・方法の理解と共有の促進

いくら保護者や地域と連携した教育が必要であるとはいえ、❺教育の中心は教育の専門家集団としての学校でなければならない。そのために、学校は、教育の目標や具体的な教育活動のねらいを明確にして、保護者や地域にわかりやすく示し、共有することが重要である。しかし、それが十分ではなかった実態がある。

私は、校長が示す❻学校経営方針をわかりやすくした地域・保護者版を作成し、学校だよりやホームページで示す。また、地域の会合や保護者会で学校の教育

活動について説明し理解を得る。様々な機会を活用して進行状況を報告するとともに、❼日常的な授業の参観や行事の公開など学校に来ていただく機会を増やし、実際の教育活動を見て理解を深めていただく。

２．家庭・地域との連携に向けた教職員の意識改革

　教員は、子どもの教育に対する思いとともに、教育の専門家としての自負心をもっている。したがって、❽教育のすべてを学校で担っていかなければならないという強い責任感をもっている。現任校の教職員も、学校の中だけで教育を考える傾向が強い。しかし、日々変化する現代社会にあっては、学校だけの教育という考えを変えていく必要がある。

　そこで、先進校の実践に関わる情報を収集・提供するとともに、❾保護者や地域との連携・協働に関する検討委員会を組織して具体的な連携策を検討させる。具体的には、学校教育の質的向上につながる地域教材や人材の開発・発掘を図る。さらに❿保護者や地域の学校教育に対する評価を重視し、アンケート調査や学校評価の結果を次の教育活動に反映させる。

　地域との連携・協働体制を確立していくためには、⓫学校への地域からの信頼が基盤となる。そのためには、日々の教育活動を充実させなければならない。私は、そのことを全教職員に周知し、保護者や地域との連携・協働体制の確立に全力を注ぐ。

❼教育活動に関わる情報を提供し、具体的な理解を促す最も重要な方法です。

❽教育者としての誇りであり一概に否定することはできませんが、これからの学校教育を考えると無理が生じます。

❾「社会に開かれた教育課程」の実現に向け、組織的取組を進めることが必要です。

❿学校関係者評価の結果を教育課程の編成に反映させます。

⓫家庭や地域社会との連携・協働の基盤となります。日常の教育活動の積み重ねが大切です。

合格論文のポイント

　序論では、設問のテーマである保護者や地域と連携・協働することの重要性について、自身の考え方をしっかりと論じます。

　本論では、現任校の課題に基づいて、保護者や地域と連携・協働するための方策を論じ、教頭としての具体的な取組を示すようにします。

　結論は、本論で書けなかったことにも触れながら、教頭として保護者や地域と連携・協働体制の確立に取り組んでいく決意を述べます。

4章

頻出「面接質問」への対策

（校長面接）竹田　幸正

（教頭面接）佐藤　正志

本章では、選考試験で頻出の面接テーマについて、面接官が何を観ようとしているのかを示し、校長面接と教頭面接の質疑応答例を提示したうえで、質問の意図や回答のポイント等を指摘し、面接に合格するための視点や備えるべき事項をお伝えします。

【校長面接】①人材育成・組織マネジメント

　面接では、校長として、教員の適性や能力をふまえた人材育成計画の作成や、中堅教員や若手教員の人材育成を具体的にどのように進めるのかが問われます。質問を通して、校長としての人材育成のための組織マネジメント力や実践力が観られます。

質疑応答例

Q ❶現任校の教員の年齢構成はどうなっていますか。

A 20歳代から30歳代前半の教員は12人で全体の約50％、30歳代後半から40歳代後半の教員は7人で全体の約30％、校長・教頭を除く50歳代以上の教員は、再任用教員を含めて5人で全体の20％です。

Q 学校運営上どのような課題がありますか。

A ❷若手教員が多く、授業や生徒指導に不安をもつ教員が多いのが課題です。また、学校を牽引していく中堅教員が少なく、若手教員が気軽に相談したり、指導を受けたりできる教員が少ないことも課題です。

Q ❸校長になったら、人材育成にどう取り組みますか。

A 教員一人ひとりの適性や能力を把握し、県の教員育成指標をふまえて人材育成プランを作成し、組織的・計画的に取り組みます。

Q ❹適性や能力はどのようにして把握しますか。

A 人事評価資料や教員との面談、教頭からの情報提供、日常の授業参観を通して把握します。

Q ❺人材育成プランについて具体的に説明してください。

A 県の教員育成指標を参考に、本人の意向もふまえ、経験年数や職層に応じた役割や身につけるべき力、研修課題を明確にした育成プランを作成します。

Q 人材育成に人事評価をどのように活かしますか。

A 人事評価の教員面談を通して、教員一人ひとりが

合格へのヒント

❶管理職として、教員の実態を正確に把握しているかを観る質問です。
　年齢構成は、人事管理で問われる基本的質問です。このほかに、平均年齢、男女比などについても質問されます。

❷管理職の立場から、教員構成の組織的な課題について具体的に回答できるようにします。

❸人材育成に対する校長としての基本的な考え方を観る質問です。勤務地域の「教員育成指標」には確実に目を通し、理解しておくことが大切です。

❹❺このように、回答した内容についてさらにふみ込んだ質問がなされます。落ち着いて

自己目標の達成に向けて意欲的に取り組めるよう、きめ細かな指導をします。

Q　きめ細かな指導とはどんなことですか。

A　⑥人材育成プランと連動した自己目標の設定や具体的な研修課題を設定するよう指導します。また、面談を通して進捗状況を確認し、必要な指導を行います。

Q　中堅・若手教員の育成にどう取り組みますか。

A　⑦ベテラン教員が蓄積してきた授業や生徒指導、学級経営の指導技術を、中堅・若手教員に組織的に伝えられる体制をつくります。

Q　具体的にどんなことをするのですか。

A　ベテラン教員を講師にした校内研修を行います。また、ベテランと中堅・若手教員を組み合わせた校務分掌を編成し、業務に取り組ませます。

Q　中堅教員の育成で大切なことはどんなことですか。

A　⑧これからの学校を支えていくミドルリーダーとしての自覚をもたせることです。

Q　そのためにどんなことをしますか。

A　運営委員会で提案させたり、主要なポストを与えたりして、学校経営への参画意識をもたせます。

Q　若手教員の育成で留意することはどんなことですか。

A　若手教員は、授業力の向上が大きな自信につながり、ほかの仕事にもよい影響を及ぼします。そのため、⑨校内の授業研究会を通して授業力をつけます。

回答できるように具体的な手立てまで準備しておくことです。

⑥教員の人材育成は、人事評価と連動させて行うことが大切です。

⑦経験豊かなベテラン教員の力を活用して中堅・若手教員を育成することは、校長として大切な視点です。

⑧中堅教員を、学校を牽引していくミドルリーダーとして育成することを述べます。そのための方策についても回答できるようにしておきましょう。

⑨校長として「教員は学校で育てる」という気構えが必要です。若手教員の授業力の向上方策は、学校の組織全体を通して計画的に行うことが大切です。

面接合格のポイントと備え

　教員の人材育成は、校長にとって重要な責務です。人材育成は、教員一人ひとりの実態を把握し、自治体の動向をふまえながら、学校組織全体で行うことが大事です。また、面接官に、包容力のある人間的な温かさが伝わるように回答することが大切です。

【校長面接】②働き方改革・業務改善

　面接では、面接官とのやりとりを通して、管理職としての使命感・指導力・人間性などが見極められます。業務の改善や削減については、校長のリーダーシップによる組織マネジメント、校務分掌の再編・統合と業務の平準化、地域との連携・協働による学校を支援する体制づくりという視点から、校長としての考えを述べることが大切です。

質疑応答例

Q ❶現任校ではどのように業務改善に取り組んできましたか。具体的に述べてください。

A　業務改善委員会を設置し、業務内容の見直しや会議の効率化などについて協議し、改善策を提案してきました。具体的には、朝の打ち合わせの回数削減や会議資料の簡素化、資料の前渡しに取り組みました。

Q　業務改善委員会はどのようなメンバーで構成されているのですか。

A　校長、教頭、事務職員、教務主任、研究主任、学年主任で構成されています。

Q ❷委員会以外の職員の意見はどうしたのですか。

A　業務改善について各学年会で話し合った内容を集約したり、アンケート調査を実施したりして、職員全体から意見を聞くようにしました。

Q ❸行事の見直しはどのように進めますか。

A　行事の目的、教育的効果、行事間の関連について検討し、目的や内容が重複するものがあれば統合・廃止します。また、地域との関連が深い行事は、PTAや地域に運営の協力を依頼します。

Q ❹どのような行事を見直そうと考えていますか。

A　現任校では、総合的な学習の時間の成果の発表会を各学年ごとに保護者や地域の方を招いて行ってきました。それらを廃止し、既存の学習発表会に統合した

合格へのヒント

❶これまでの教頭としての実績が問われています。教頭の立場でどのような業務改善を行ってきたのかについて、端的に回答するようにします。

❷このように一歩踏み込んだ質問をされますので、実践について整理しておくことが大切です。

❸行事の見直しは、教育課程の編成にかかわることであり、学校教育目標や学習指導要領をふまえて検討する必要があります。回答を通して、行事の見直しに対する校長としての基本的な考え方や指導力が観られます。

❹面接官は、このような追加質問を通して、受験者がどこまで本気で考えているかを見極

いと考えています。

Q 地域との連携が深い行事とはどんな行事ですか。また、地域の協力を得るためにどうしますか。

A 学校と地域が合同で行う学区民運動会です。❺校長自ら地域に出向き、運営等を移行するために、働き方改革等について説明し、理解と協力を得ます。

Q 校務分掌の見直しにはどのように取り組みますか。

A ❻校務分掌の再編・統合を図り、分掌組織を簡素化することや、業務が特定の職員に偏らないように平準化を図ります。

Q 校務分掌の簡素化について、具体的に考えていることはありますか。

A たとえば、❼既存の分掌組織を再編して教務部、研究部、指導部の３部体制とし、全職員がいずれかの部に所属するようにします。また、構成員が重複している生徒指導委員会や不登校対策委員会を統合します。

Q ❽業務の適正化にはどのように取り組みますか。

A 学校以外が担うべき業務、必ずしも教師が担う必要がない業務、負担軽減が可能な業務の視点から、業務の適正化を図ります。

Q ❾学校以外が担うべき業務とはどんなことですか。

A 登下校に関する対応、夜間の見回りや補導されたときの対応、学校徴収金の徴収・管理、地域ボランティアとの連絡調整などです。

❹めようとします。

❺課題解決のために校長が自ら先頭に立って動く姿勢を伝えることが大切です。

❻中教審答申(2019年1月)では、校務分掌の再編・統合や分掌が一部の職員に集中することがないよう、業務の平準化を図ることを示しています。

❼校長として分掌の再編・統合について具体的に回答することが大切です。そのためにも取組策について端的にまとめておくようにします。

❽中教審答申(2019年1月)では、校長は自らの権限と責任で、本来は家庭や地域社会が担うべき業務を大胆に削減する必要があるとしています。

❾校長として、国や自治体の通知等に目を通し、基本的な考えを理解しておく必要があります。

面接合格のポイントと備え

業務改善については、「(会議や行事は)とにかく廃止すればよい」というような短絡的な考え方で論じないことが大切です。

また、業務の改善や削減についての根拠について問われることもありますので、国や自治体から発出された通知や資料について理解しておく必要があります。

4章　頻出「面接質問」への対策

【校長面接】③ICT活用の推進

　面接では、面接官とのやりとりを通して、校長としてのICT活用を推進する指導力や本気度が見極められます。ICTを活用した授業の推進については、組織マネジメントを強化し、研修を通した教職員の意識改革やICT活用指導力の向上、ICT活用を位置づけた各教科等の年間指導計画の作成という視点から、校長としての考えを述べることが大切です。

質疑応答例

Q　勤務校でICT活用は進んでいますか。

A　ICT環境は整っているのですが、❶現在のところ、ICTを授業で積極的に活用しようとしない教職員もいるのが現状です。

Q　❷その原因をどのように考えていますか。

A　教職員の課題としては、ICT活用の趣旨やその有効性についての理解不足があります。また、ICT機器の操作に苦手意識をもっている職員がいることです。学校全体の課題としては、ICT活用に関する校内体制がまだ整っていないことがあげられます。

Q　教職員についてはどのような対応策が必要ですか。

A　ICT活用の利便性や有効性について理解させ、ICT活用に対する意識改革を図る必要があります。そのため、授業で活用する以前に、ICTを日常の校務で使わせ、慣れさせるようにします。❸たとえば、朝の健康観察や打ち合わせ事項の確認、行事の反省や会議での意見の集約や共有化などにICTを活用します。

Q　教員のICT活用指導力をどう高めますか。

A　校内研修に「ICT活用による個別最適な学び」を掲げて授業研究会を実施し、職員のICT活用指導力を高め、その成果を日常の授業に広げていきます。

Q　❹働き方改革のなか、授業研究の時間を取れますか。

A　年間計画に研究授業を組み入れ、研究体制を整え

合格へのヒント

❶管理職として勤務校のICT環境の整備状況や授業でのICT活用の状況等について把握しておくことが大切です。

❷面接では、このように回答したことについてさらに一歩踏み込んだ質問をされます。ここでは、教職員に関する課題や学校全体としての課題について述べるようにします。

❸このように具体的に説明することで説得力が生まれます。そのためには、参考書からの知識だけではなく、日頃から実践を積んでおくことが大事です。

❹面接官は、このような追加質問を通し、受験者がICT活用についてどこまで本気で取り組もうとしているの

て計画的に実施します。また、指導案作成や授業後の検討会にICTを活用して、意見や改善策の共有化を図るなどして時間の短縮化を図ります。

Q　ICTを用いた授業の日常化をどう図りますか。

A　まず、❺授業研究の成果や日常の実践の成果を集約し、「ICT活用事例集」を作成します。次に、ICT活用を明確に位置づけた年間指導計画を作成し、全職員がそれをもとに実践できるようにします。

Q　「ICT活用事例集」や年間指導計画を作成しただけで、ICTを活用した授業の日常化は図れますか。

A　❻ICTを用いた授業をする際には「週案」に記入させます。また、実践後には活用状況や反省点を「週案」に記録させ、それをもとに効果的な活用の仕方について指導します。さらに、学期ごとの評価を行い、指導計画をより実効性のあるものに改善します。

Q　ICT活用を推進するうえで今後の課題は何ですか。

A　❼引き続き情報モラル教育や児童生徒の目の負担などの健康の課題があります。また、保護者に対して理解や協力を得ることも必要です。

Q　保護者の理解をどう得ますか。

A　保護者に対し、❽本校ではICTを活用してどのような学びをめざしているのかを説明します。また、子どもたちが実際にICTを活用している授業を参観できる機会を多く設定し、理解を得るようにします。

かを見極めようとします。

❺このように具体的に回答することが大切です。そのためにも取組策について端的に述べられるように整理しておくとよいでしょう。

❻「週案」等を活用して、ICT活用の状況を把握することは管理職として大切な仕事です。

❼管理職として、今後の課題についても明確に押さえておくことが大切です。そのためには、国や自治体が作成した資料や先進校の事例等に目を通しておく必要があります。

❽今後、ICT端末を活用した家庭学習の推進などをふまえると、保護者の理解と協力が必要です。保護者からの理解を得るための具体的な方策を明確に述べるようにします。

面接合格のポイントと備え

　面接では、1人1台端末を、学校で具体的にどのように活用するのかが問われます。適切に回答していくためには、勤務校の実態や課題を把握し、整理しておく必要があります。

　また、個別最適な学び、協働的な学び、オンライン授業などについても問われることが予想されます。国や自治体からの通知、最新の資料等に目を通し、簡潔に説明できるように準備しておくことが大事です。

【校長面接】④教育課程の実施

　面接では、「社会に開かれた教育課程」の趣旨、その実現に向けたこれまでの立場での取組状況や課題、また、そのことをふまえた校長としての具体的な取組策が問われます。質問を通して、校長としての識見や指導力、実行力が見定められます。

質疑応答例

Q ❶「社会に開かれた教育課程」の実現が求められる理由は何ですか。

A 　これからの社会で求められる資質・能力を児童生徒に身につけさせるためには、学校・家庭・地域が一体となり、連携や協力をしていく必要があるからです。

Q ❷求められる資質・能力とはどんなことですか。

A 　実際の社会に生きて働く知識・技能、未知の状況にも対応できる思考力・判断力・表現力、社会に生かそうとする学びに向かう力や人間性です。

Q 　これまで「社会に開かれた教育課程」の実現にどのように取り組んできましたか。

A 　❸教頭として、校長の指導を受けながら、教務主任と連携し、地域の資源や人材を組み入れた年間指導計画の作成や実践を行ってきました。

Q ❹そのときの課題はどんなことでしたか。

A 　現任校の職員は、将来を見据えた教育のあり方などには意識が低く、「社会に開かれた教育課程」の趣旨や内容についての理解不足が見られました。

Q 　そのほかにありますか。

A 　現任校の保護者や地域の方々は学校に協力的であり、また、地域には誇れる伝統文化や産業があるのですが、それらを十分に活用しきれなかったことです。

Q ❺校長になったら「社会に開かれた教育課程」の趣旨を教職員にどのようにして理解させますか。

合格へのヒント

❶「社会に開かれた教育課程」について、管理職としてどのようにとらえているのかを観る質問です。学習指導要領の趣旨をよく理解し、端的に述べることが大切です。

❷直前の質問への回答について追加質問されることがありますので、用意しておくことが大切です。

❸教頭の立場で、これまで取り組んできたことについて、具体的に回答します。

❹管理職としての課題把握力を観る質問です。実践を通して見えてきた課題について整理しておくことです。

❺校長の立場に立っての取組策が問われています。質問にはこれまでの取組や課題をふま

A　学校経営の重点に「社会に開かれた教育課程」の実現を位置づけ、国の資料などを活用して説明します。

Q　それだけで**理解は深まりますか**。

A　自校の教育目標と家庭・地域との関連を明確にしたグランドデザインを作成し、それをもとに説明し、イメージをしっかりともたせます。

Q　**教育課程をどのように編成しますか**。

A　教育課程編成委員会を組織し、既存の教育課程や年間指導計画を見直し、改善します。

Q　❻どんな**観点から見直すのですか**。

A　教育課程に家庭や地域の声が反映されているか、地域資源や人材の活用が図られているか、教科等横断的な視点から編成されているかの観点で見直します。

Q　家庭や地域の声はどのようにして**反映させますか**。

A　地域で育成する児童生徒の姿や身につけさせたい力について、❼学校評議員やPTA役員、地域の自治会に意見を求め、その意見を教育課程に反映させます。

Q　編成した教育課程の質をどう**充実させますか**。

A　❽学校評価を活用し、定期的に教育課程の実施状況を評価し、よりよいものに改善していきます。

Q　**具体的に説明してください**。

A　これまでの年間サイクルの評価だけではなく、学期ごとや行事終了後などの中期・短期サイクルを導入し、組織的・計画的に取り組みます。

Q　学校内部だけの**評価でよいのですか**。

A　❾評価結果について学校評価委員会にご意見をいただき、教育課程の改善に活かしていきます。

え、明確に答えることが大切です。校長としての識見や指導力が観られます。

❻教育課程の編成にあたり、校長として、明確な方針をもっているかどうかを観る質問です。要点を押さえ、端的に回答することが大切です。

❼「学校評議員」「PTA役員」「地域の自治会」等の名称を出すことによって具体性が出てきます。そのためにも日頃から連携を取り合って活動することが大事です。

❽教育課程の質をより高め、教育活動の実践に結びつけていくことが校長の大切な仕事です。

❾既存の組織を活用することは、校長として大事な視点です。明確に回答することで、組織マネジメント力をアピールすることにつながります。

面接合格のポイントと備え

「社会に開かれた教育課程」の実現に向けては、新学習指導要領に示された「理念の共有」「資質・能力の明確化」「社会との連携・協働」の３つのポイントをふまえ、自分の言葉で回答することが大切です。

【校長面接】⑤授業改善

　面接では、「主体的・対話的で深い学び」の実現に向けた授業改善の進捗状況や課題、授業改善をより推進するための個別最適な学びや協働的な学びについて問われます。質問を通して、新学習指導要領や答申についての理解度や授業改善に向けた校長としての指導力が観られます。

質疑応答例

Q ❶現任校では、「主体的・対話的で深い学び」の実現に向けた授業改善にどのように取り組んでいますか。

A 　これまで、学校全体で児童が主体的に取り組むための課題設定のあり方やペアやグループによる高め合い活動の仕方に取り組んできました。

Q 　現時点での課題はどんなことですか。

A 　❷画一的な一斉授業のスタイルから脱しきれていないことです。児童一人ひとりに応じた多様な方法で課題解決を図るような授業に転換することが課題です。

Q 　今後どのように進めていくのですか。

A 　❸個別最適な学びや協働的な学びに取り組みます。とくに、ICTを活用した個別最適な学びに重点を置いて、継続的に授業改善を進めていきます。

Q 　❹個別最適な学びとはどのようなことですか。

A 　これまでの個に応じた指導を児童の視点から整理したもので、児童一人ひとりの理解力や到達度に合わせて能力を最大限に伸ばす学びのことです。

Q 　具体的にどのように取り組むのですか。

A 　児童の理解力や学習スタイルに応じた指導方法を工夫するとともに、個に応じた課題や教材を準備し、提供できるようにします。

Q 　校長になったら、個別最適な学び・協働的な学びを実現するため、どんなことから始めますか。

A 　まず、個別最適な学びや協働的な学びの重要性や

合格へのヒント

❶教頭としてこれまで授業改善にどのように取り組んできたのか、指導力を問う質問です。取組状況について整理しておき、端的に回答できるようにします。

❷質問で教頭としての課題把握力が問われています。これまでの実践を通して見えてきた課題について、教頭の立場から整理しておくことが大切です。

❸中教審答申（令和3年1月）では、個別最適な学びや協働的な学びを一体的に充実し、「主体的・対話的で深い学び」の実現に向けた授業改善につなげていくことが求められています。このことをふまえて回答します。

❹答申の内容を正しく理解しているかを観る質問です。

必要性について説明し、理解と共有化を図ります。

Q　どのようにして理解させるのですか。

A　国の資料をもとに、わかりやすく説明します。

Q　❺それだけで大丈夫ですか。

A　外部講師を招いて研修を行います。ICTを活用した実践的な研修を行い、ICT活用が個別最適な学びの促進に結びつくことを理解させます。

Q　なぜICT活用が必要なのですか。

A　❻個別最適な学びには、児童の学習状況の把握が不可欠であり、ICTを活用することで学習履歴を効率的に集積できます。また、そのデータをもとに、個別の到達目標に応じた多様な学習が可能になります。

Q　そのための指導力をどのようにして高めますか。

A　❼ICTを活用した個別最適な学びを実現するための授業研究に学校全体で取り組みます。

Q　ICT機器が苦手な教員にはどう対応しますか。

A　情報教育主任に指示して個別の研修を行います。また、❽授業以外の業務にもICTを積極的に活用させ、効率性や利便性を体感できるようにします。

Q　授業研究の成果を日常の授業に広めるためにはどうしますか。

A　❾得られた成果を、各教科等の年間指導計画に位置づけ、日常の授業に広めていきます。また、週案に実践や反省点を記録させ、それをもとに指導・助言し、授業改善につなげていきます。

❺協働的な学びについても問われることが予想されます。

❺回答した内容について一歩踏み込んだ質問がされます。具体的に回答できるように準備しておくことです。

❻現在、児童生徒に1人1台の端末が配備され、ICTの積極的な活用が求められています。授業でどのように活用するのか、校長としての明確な考えをもっておくことが大切です。

❼組織を通して教員個々の指導力を育成することは、校長として大事な仕事です。

❽このように具体的に説明することで説得力が出ます。そのためにも、日頃から実践を積んでおく必要があります。

❾授業研究の成果を日常の授業に広げ、組織的に授業改善を図ることが大切です。

面接合格のポイントと備え

　面接では、「主体的・対話的で深い学び」と個別最適な学び・協働的な学びの関連について問われます。新学習指導要領や答申の内容は、確実に理解しておくことが必要です。

　また、授業改善には、校長の指導力とともに熱意が大切です。回答する際にはそのことをアピールできるようにします。

【校長面接】⑥特別支援教育

　面接では、現任校の特別支援教育に対する取組状況や課題、そのことをふまえた対応策が問われます。面接を通して、特別支援教育の理念を十分に理解しているか、また、校長として校内体制を整え、保護者や関係機関と連携して取組を推進する指導力があるかどうかが観られます。

質疑応答例

Q ❶勤務校の特別支援学級数と児童数、また通級指導を受けている児童数を教えてください。

A　特別支援教室は2学級で、在籍児童数は知的障害学級が3名、聴覚障害学級が1名です。また、通級指導を受けている児童は2名です。

Q ❷その他に特別な支援を要する児童はいますか。

A　現在、通常学級には4名います。

Q　その児童の学級での様子はどうですか。

A　❸文章理解が苦手で、教科の学習は困難な状況です。またコミュニケーションがうまく取れず、友だちとトラブルになることが多くあります。

Q　そのことにどのように対応していますか。

A　❹担任から児童の状況をよく聞き、校内委員会で対応策を協議しています。また、担任に任せきりにならないように、負担の軽減を図っています。

Q　校内委員会ではどんなことをするのですか。

A　特別支援教育コーディネーターを中心に、児童の実態や指導の状況を把握し、担任の指導に対する助言や協力体制について協議しています。

Q　その他にどんなことをしていますか。

A　特別支援教育支援員を学級に配置しています。支援員を配置できない学級には、空き時間の教員や教務主任などが入って支援しています。

Q ❺あなたが校長になったら、特別支援教育にどの

合格へのヒント

❶❷管理職として、学校の実態を的確に把握しているかどうかを観る質問です。数値などは正確に押さえておき、明確に回答することが大切です。

❸児童生徒の状況について、担任からの情報や授業参観を通して把握しておくことが大事です。

❹組織的・計画的に対応するためには、既存の校内委員会を機能させることが重要です。

❺面接では、まずこのような大まかな質問があり、次に、受験者の回答をもとにしてさらに踏み込んだ質問がされます。そのためにも、あらかじめ追加質問を想定した回答を心がけるとよいでしょう。

ように取り組みますか。

A　❻特別支援教育コーディネーターを中核とした校内委員会を機能させ、学校全体で取り組みます。また、実効性のある個別の教育支援計画や指導計画を作成し、日常の指導に活かせるようにします。加えて、❼交流及び共同学習を積極的に進めていきます。

Q　コーディネーターにはどんな職員を指名しますか。

A　専門的な知識を有し、❽教職員をまとめ、外部の関係機関との連携・調整がうまくできる職員です。

Q　個別の教育支援計画や個別の指導計画を作成する際には、どのようなことを指導しますか。

A　保護者の思いや願い、学習や生活面での不安や課題を丁寧に聞き取らせ、それらを活かして作成させます。また、❾日常の指導や保護者との情報交換をもとに、よりよいものに常に改善するよう指導します。

Q　交流及び共同学習はどう進めますか。

A　❿年間指導計画に明確に位置づけ、組織的・計画的に実施します。

Q　年間指導計画にはどんなことを記載しますか。

A　交流及び共同学習を実施する学年・学級、時期、ねらい、内容、活動の評価の観点や方法などを指導計画に明記します。

Q　保護者の理解も必要ですが、どうしますか。

A　学校だよりや学年・学級懇談会などで説明します。また、交流及び共同学習を公開してその様子を見ていただき、理解を得るようにします。

❻自分の考えを2〜3点にまとめ、端的に話すようにします。学校全体で組織的に取り組むことを述べることは、校長として大切な視点です。

❼共生社会の実現に向けたインクルーシブ教育の構築のためには、交流及び共同学習の推進が不可欠です。

❽特別支援教育コーディネーターの役割を明確に押さえておく必要があります。また、コーディネーターの育成は校長の大切な職務です。

❾個別の教育支援計画や指導計画は、児童生徒の実態に合わせて見直し、よりよいものに改善していく必要があります。

❿指導計画の管理は校長の重要な責務です。日頃から指導計画を点検し、問題点などを把握しておくことが大切です。

4章 校長　頻出「面接質問」への対策

面接合格のポイントと備え

特別支援教育については、多くの自治体で重点を置いて取り組まれています。面接に際し、勤務地の教育委員会の方針や施策を理解しておくとともに、勤務校の取組の状況や課題について整理しておくことが大切です。

👥 4章　頻出「面接質問」への対策

【校長面接】⑦いじめの防止・対応

　面接では、いじめ問題の背景や現任校の実態、いじめ防止対策推進法の内容やいじめ対策委員会の取組状況、実際のいじめ対応や校長としての指導のあり方について問われます。質問を通して、校長としていじめ防止に向けてどのように指導性を発揮しようとしているか、また、そのための資質・能力を備えているのかが見極められます。

質疑応答例

Q　いじめを防止するうえで、あなたが一番心がけているのはどんなことですか。

A　❶<u>いじめは児童生徒の人格形成に大きな影響を与えるものであり、けっして許されるものではないこと</u>を全職員が認識し、一丸となって取り組むことです。

Q　教職員の認識を高めるためにはどうしますか。

A　❷<u>いじめ防止対策推進法やいじめ防止基本方針の趣旨や内容</u>について繰り返し説明します。

Q　❸<u>説明するだけで認識は高まりますか。</u>

A　そのほかに、いじめについての事例研修や、全職員でのいじめの現状分析や対応策の協議を通して、職員の意識を高めていきます。

Q　いじめの発見にどのように取り組んでいますか。

A　いじめの調査を年3回、定期的に実施しています。

Q　調査のほかにどんなことをしていますか。

A　❹<u>早期発見のため、児童生徒が発するささいな変化に敏感に気づくことが大切であることを、職員打ち合わせなどを活用して指導しています。</u>

Q　現任校のいじめの実態について教えてください。

A　❺<u>冷やかしや嫌がらせ、仲間はずしなどのいじめ</u>が5件あります。そのうち2件で、ネット上での誹謗中傷や仲間はずしなどがありました。

Q　❻<u>ネットいじめの課題</u>は何ですか。

合格へのヒント

❶管理職として、いじめに対する基本的な考え方を明確に述べることが大切です。校長の信念が面接官に伝わるようにします。

❷国のいじめ防止対策推進法や学校のいじめ防止基本方針について、管理職から教職員に確実に周知することが大切です。

❸このように、回答したことに対して一歩踏み込んだ質問がされます。その場で動揺しないように前もって用意をしておくとよいでしょう。

❹教職員に対する具体的な指導を述べることで、管理職としての、日頃の指導の様子をアピールすることができます。

A　ネットいじめは、学校以外の場所で起こることが多く、状況が見えにくいことです。そのため、家庭と連携・協力することが大切です。

Q　現任校では、ネットいじめ防止にどのように取り組んでいますか。

A　PTAと協力して専門家を講師とした研修会を開催し、スマートフォンに関わる問題点やフィルタリングの仕方、家庭でのルールづくりについて学ぶ機会をつくっています。

Q　❼講師に依頼した専門家とはどんな人ですか。

A　ネット防犯パトロールの担当者やサイバー防犯対策課の警察官です。

Q　❽研修会の効果はありましたか。

A　多くの保護者から、ネットいじめの現状についてふだん耳にしない貴重な話を聞くことができた、ほかの保護者と同じ悩みを共有することができて大変に参考になったという感想をいただきました。

Q　いじめ防止対策委員会の活動状況はどうですか。

A　学期に1回、定期的に開催し、アンケート調査の結果やいじめ事案についての協議をしています。

Q　委員会の課題や改善点はどんなことですか。

A　❾課題は、委員会のメンバーに福祉や心理の専門家や保護者や地域の代表者を加えることです。また、定期的な開催だけではなく、ケース会議などを増やして、職員の対応力を強化することです。

❺管理職として、現任校のいじめの実態について正確に把握しておく必要があります。

❻ネットいじめは増加傾向にあり、重要な課題となっています。管理職として、ネットいじめの課題や具体的な解決の手立てについて整理しておくことが大切です。

❼❽面接官は、このような追加質問をすることにより、管理職としての実践力や指導力を見定めようとします。これまで実践してきた内容を整理し、端的に答えられるようにしておくことです。

❾既存の組織の活動状況を常にチェックし、改善策を考えておくことが大切です。管理職の組織マネジメント力をアピールすることにつながります。

面接合格のポイントと備え

面接官に、「いじめは絶対に許さない」「発生したいじめは必ず解決する」という信念や熱意が伝わることが大事です。参考書に書いてあるような回答ではなく、これまでの経験から導き出された内容にこそ説得力があります。そのためにも、現任校のいじめの状況や具体的な対応例について整理しておくことが大切です。

4章　頻出「面接質問」への対策

【校長面接】⑧危機管理・学校安全

　面接では、勤務校の学校安全計画や危機管理マニュアルの策定状況、防犯・防災訓練などの安全管理に対する取組、緊急事態発生時の具体的な対応、安全教育の取組について質問されます。面接を通して、校長としての危機管理に対する認識の度合いや指導力が観られます。

質疑応答例

Q ❶児童生徒の安全を脅かす事件・事故にはどのようなものがありますか。

A　交通事故、不審者による事件・事故、地震や台風などの自然災害、熱中症や感染症の発生、教職員による体罰、わいせつ行為、セクハラなどです。

Q ❷危機管理にどのように取り組んでいますか。

A　危機管理マニュアルを定期的に点検し、職員会議などで役割や対応の仕方について確認し合い、共通理解を図っています。また、定期的な安全点検や防犯・防災訓練を行っています。

Q ❸安全点検はどのように行っていますか。

A　毎月の安全点検は、数人でチームを組んで行っています。また、点検箇所の分担を月ごとに交替して、マンネリ化を防いでいます。

Q　安全点検前に、職員にどんな指導をしていますか。

A　遊具などの固定施設については目視だけでなく、打音や揺り動かすなどの負荷を加えて点検するよう指導しています。

Q　訓練を行う際にはどんなことを工夫していますか。

A　授業時間以外の休み時間や放課後などに防犯・防災訓練を行っています。また、訓練後には全学級で事後指導を確実に実施するようにしています。

Q　今後改善すべきことはありますか。

A　❹避難弱者や要配慮児童が安全に避難できるよう、

合格へのヒント

❶学校安全に対する管理職としての認識を観る質問です。学校の安全上の課題は多岐にわたり、時代や社会の変化に伴い変わっていきます。管理職としてしっかりと把握しておく必要があります。

❷危機管理に関する面接では、必ず問われる質問です。勤務校の危機管理の取組状況については整理しておくことです。

❸このように、回答したことについて追加質問があります。動揺しないように具体的な回答を用意しておく必要があります。

❹避難弱者への配慮は、管理職として大事な視点です。事前に実態を把握し、対応策を全職員に周知しておくことが大切です。

組織的な対応ができるようにすることです。

Q　校長として、教職員の危機管理意識が低い学校に赴任したらどうしますか。

A　学校安全に関する情報や話題を職員会議や打ち合わせなどあらゆる機会を利用して提供し、職員の危機管理意識を高めていきます。

Q　❺それだけで大丈夫ですか。

A　学校安全計画や危機管理マニュアルの点検を全職員で行います。また、警察官や防災の専門家を招いての研修や想定の範囲を広めた訓練を実施します。

Q　児童生徒の安全教育にどう取り組みますか。

A　❻危険を予測する力や回避する力を身につけさせるため、安全学習と安全指導を充実します。

Q　安全学習ではどんなことをしますか。

A　安全について系統的に学習できる指導計画を作成し、実践します。❼たとえば防災については、総合的な学習の時間を活用し、過去に地域で発生した災害を調べる学習や防災マップづくりに取り組みます。

Q　校区内に不審者が出たという情報が入ったら、どうしますか。

A　❽まず、警察や教育委員会と連絡を取り合い、状況を把握します。次に、職員に校内や校舎周辺の巡視を指示し、確認します。また、保護者向けの一斉メール配信の準備をします。さらに、PTA役員や安全ボランティアに連絡し、下校指導の協力を依頼します。

❺回答したことに対して懐疑的な質問をされることがあります。管理職としてどれだけの対応策をもっているかを観るためです。そのためにも、具体的な手立てを用意しておくことです。

❻児童生徒だけの時に、事件・事故、災害に遭遇する場合があります。危機を回避するため、安全教育を通して自ら考え、判断できる力を育むことが大事です。

❼このように、具体的な事例をもとに回答すると説得力が増します。

❽危機的状況に対する管理職としての具体的な対応力が問われています。危機管理マニュアルに基づいた組織的な対応を念頭において回答することです。「まず」「次に」などの言葉を使って、時系列で述べるとわかりやすくなります。

面接合格のポイントと備え

面接官に、「この人物なら1つの学校を任せても安心」という信頼感を抱かせることが大事です。そのためには、危機管理は校長の最大の責務であるという自覚のもと、児童生徒や教職員を全力で守るという姿勢を示すことです。危機管理に関する質問には、歯切れよく、明確に回答することが好評価につながります。

【校長面接】⑨教員の不祥事防止

　面接では、教職員の不祥事の状況や背景、そのことをふまえた未然防止策や不祥事発生時の具体的な対応について質問されます。面接を通して、校長としてリーダーシップを発揮し、いかに実効性のある具体策を示せるか、また、校長自身の人権意識や倫理観について観られます。

質疑応答例

Q ❶教職員の不祥事にはどんなものがありますか。

A 道路交通法違反、児童生徒性暴力等、パワハラ、体罰、情報漏洩、公金横領、窃盗などです。

Q ❷そのことについてどう受け止めていますか。

A 教職員や学校に対する信頼を著しく損なうものです。とくに、❸児童生徒性暴力等は、児童生徒の心を大きく傷つけるもので、絶対に許されないことです。

Q 不祥事が起こる背景や原因は何だと考えますか。

A ❹第1点は、教員としての自覚や使命感、倫理観の欠如など個人の資質の問題です。第2点は、職場の人間関係の希薄化やストレスなどがあると考えます。

Q ❺第1点にあげた個人の資質の問題について、具体的に話してください。

A 教育公務員の立場や職責の重さの自覚が欠如していることです。教員の職務は、児童生徒に夢を与え、夢を育てることです。そのことを強く認識していれば、不祥事など起こさないはずです。

Q ❻そのためにはどう取り組みますか。

A 人事評価の面談や日常の対話、授業参観後の助言などを通し、教員としての自覚や使命感を高めます。

Q その他にどんなことをしますか。

A 服務規律に関する研修を行います。不祥事の事案や判例を使った事例研修を行います。

Q 事例研修では具体的にどんなことをするのです

合格へのヒント

❶❷質問を通して、教職員の不祥事に対する校長としての見識が観られます。文部科学省の人事行政調査資料や自治体の資料には目を通し、理解しておくことが大事です。

❸令和4年4月に「教育職員等による児童生徒性暴力等の防止等に関する法律」が制定され、そのなかで、児童生徒に対するわいせつ行為やセクハラは、「児童生徒性暴力等」と定義されました。

❹不祥事の背景については、職員個人に関する問題と、学校組織全体の問題の2点からまとめておくとよいでしょう。

❺❻面接では、このように、回答したことについてさらに一歩踏み込んだ質問がされます。再質問を

か。

A　身近な事例をもとに、❼少人数のグループで、事実確認、原因、予想される処分内容、社会的影響、予防策などを話し合い、未然防止策を立てます。また、そのことについて、管理職が指導・助言します。

Q　第2点にあげた職場の人間関係の希薄化とは具体的にどんなことですか。

A　お互いに干渉しない雰囲気や職員の孤立化など、職場内のコミュニケーションの不足です。

Q　そのためにどうしますか。

A　チームで仕事をする機会を増やし、同僚意識や安心して仕事ができる職場をつくります。また❽教頭とともに、職員への声がけを通し、気軽に相談できる風通しのよい環境を築きます。

Q　「子どもが部活動担当教員からセクハラを受けた」という電話がありました。どう対応しますか。

A　❾まず、生徒や教員から聞き取りを行い、事実を確認します。次に、セクハラの事実が判明した場合は生徒の心のケアを行うとともに、生徒や保護者に謝罪します。また教員を指導し、部活動担当から外します。さらに保護者会を開き、事件の状況や今後の学校の取組や具体的防止策について説明します。

Q　具体的防止策とはどんなことですか。

A　❿対生徒とのメールやSNSなどでの直接やり取りの禁止や、教育相談などで生徒と二人きりになることなどを禁止します。

想定し、用意しておく必要があります。

❼このように具体的に回答することで、日々の業務に目的意識をもって取り組んでいることが面接官に伝わります。

❽職場の雰囲気づくりを教頭に任せるのではなく、校長自身が動くことで職員も心を動かします。

❾不祥事に対する具体的な対応力が観られます。事実確認、被害者へのケア、今後の取組策について端的に述べるようにします。時系列に従って、「まず」「次に」の言葉を使って回答するとわかりやすくなります。

❿児童生徒性暴力等を防止するため、具体的に何をするのかについて対策を立てておくことが大切です。

面接合格のポイントと備え

　不祥事根絶は校長の責務であり、教職員の範として自らの行動を律する必要があります。面接では、不祥事は断じて許さないという姿勢が面接官に伝わるようにすることが大切です。冗漫な述べ方を避け、凛とした明確な回答を心がけることです。

【校長面接】⑩保護者・地域連携

　面接では、「地域とともにある学校」の趣旨や現任校での取組と課題、また、そのことをふまえた課題解決に向けての方策が問われます。

　面接を通し、地域との連携・協働に対する校長としての基本的な考え方、それを具現化する信念やリーダーシップを有しているかどうかについて見極められます。

質疑応答例

Q ❶家庭や地域との連携はうまくいっていますか。
A　PTA活動が活発に行われており、また、地域住民から日頃の教育活動に多くの支援をいただいており、現在のところうまくいっていると思います。

Q ❷具体的に、どんな支援を受けているのですか。
A　登下校の安全のための見守りや地域のパトロール、本の読み聞かせ、放課後の学習支援、総合的な学習の時間のゲストティーチャーなどです。

Q 支援者に対し、心がけていることはありますか。
A　支援者の方々に感謝の気持ちを表すため、学校だよりやホームページなどで、支援の様子や児童が喜んで活動している姿を発信しています。

Q ❸地域との連携について何か課題はありますか。
A　これまでは、地域から支援をいただく受け身の姿勢でしたので、今後は、地域と連携・協働して「地域とともにある学校」をめざすことです。

Q 「地域とともにある学校」とはどんな学校ですか。
A　❹地域でどのような児童生徒を育てるのかという目標やビジョンを地域住民と共有し、地域と一体となって子どもたちを育てる学校です。

Q そのことを保護者や地域住民に理解してもらうことが大事ですが、どうしますか。
A　❺連携・協働の必要性についてまとめたリーフレ

合格へのヒント

❶教頭として、現任校の家庭・地域との連携の実態をどのように把握しているかを観ようとする質問です。
❷支援の状況について整理しておくことが大切です。追加質問として、学習支援員の人数や成果などについて聞かれることがありますので、用意しておくことです。
❸質問では、教頭としての課題把握力を問うています。「とくになし」と回答したのでは、校長として不適格と評価されかねません。常に課題意識をもって学校運営に取り組む姿勢が大切です。
❹自分の言葉で説明することも大事ですが、このように答申（平成27年12月）の文言を使って回答することで、内容に精通していることを示

ットを作成し、それをもとに、PTAの会合や地域懇談会で説明し、保護者や地域住民の理解を得ます。

Q ❻説明するだけで理解してもらえますか。

A 参観日を活用して、地域と連携・協働して活動している児童の様子を実際に見てもらいます。

Q ❼連携・協働した活動とは、どんなことですか。

A 児童が地域住民の支援を受けながら、一緒になって地域防犯マップ作成に取り組む活動などです。

Q あなたが校長になったら、地域との連携・協働の推進のためにどんなことをしますか。

A ❽学校運営協議会を活用して体制を整えるとともに、学校と地域をつなぐ学校支援コーディネーターと協力して、地域との連携・協働の取組を進めます。

Q 学校の窓口はだれが担当するのですか。

A 地域連携担当教員を配置し、学校支援コーディネーターと常に連絡を取り合えるようにします。

Q 校長自身は、どんなことをしますか。

A 地域に足を運び、学校への要望や意見を把握し、そのことを担当教員に伝えるなどして取組を支えます。

Q 具体的に、どんな活動に取り組みますか。

A 地域ぐるみのあいさつ運動や花いっぱい運動に取り組み、児童の豊かな心を育てていきます。

Q その他にどんなことをしますか。

A ❾学校では防災対策が課題ですので、学校が中心となって、PTAや地域の自治会、関係機関と地域学校安全協議会を立ち上げ、合同防災訓練を実施します。

すこともできます。

❺管理職として、保護者や地域住民が理解しやすいように、図などを取り入れた資料を作成し、それを使って説明することは大切です。

❻❼面接では、このように回答したことについてさらに踏み込んだ質問がされます。面接官からの追加質問を想定し、用意しておくことです。

❽文部科学省は、学校と地域が連携し、地域全体で子どもたちを育成するため、学校運営協議会の設置を推進しています。校長として、制度の内容を理解しておくことが大切です。

❾現在の学校課題を示してから取組方策を述べることで、説得力のある回答になります。

4章校長 頻出「面接質問」への対策

面接合格のポイントと備え

学校では最も対外的な役割を果たすのが校長であり、地域との連携・協働を充実させるには、校長自身が学校と地域の要となる自覚が必要です。面接では、これまでの経験や知見をもとに、学校経営の責任者であることを意識し、一般論ではなく具体的な回答を心がけることが大切です。

4章　頻出「面接質問」への対策

【教頭面接】①人材育成・組織マネジメント

　設問のテーマである組織マネジメントは、目標設定、組織編制とその進行管理、物的・人的環境整備まで、人材育成も含めた幅広い概念です。それぞれの具体的な方策はもちろん、管理職としてどこに力点を置くのかということまで考えて、具体的な取組を用意して面接に備えることが必要となります。

質疑応答例

Q　❶学校教育を組織的に進めなければならない理由はどこにあると考えていますか。

A　学校に課せられた課題が多様化し、組織として協働しないと対応しきれないからだと認識しています。

Q　あなたの学校で、❷組織として協働していくうえでの課題はどこにありますか。

A　2つあります。1つは校長の示す経営方針が、各組織まで浸透していないことです。もう1つは、若手教員の経営に参画する意識が弱いことです。

Q　❸なぜ、経営方針が浸透していないのですか。

A　経営方針と組織目標や組織活動を別のものとしてとらえていて、経営方針を具現化するための組織であるという認識が弱いことが原因だと思っています。

Q　それは、❹経営方針の内容や示し方に問題があるということですか。

A　❺そうではなく、経営方針に対する意識が薄く、具体的な教育活動を通して経営方針を具現化するという考えができていないということです。

Q　教頭として、どのように対応しますか。

A　経営方針を具現化するための組織目標を設定し、具体的な取組に反映させるように指導します。

Q　❻どのように指導すれば、そうなりますか。

A　いつまでに、何に取り組み、どのような成果に結

合格へのヒント

❶組織マネジメントの根本が問われています。あなた自身の答え方を整理しておきましょう。

❷課題を的確に把握することが、方策を導き出す出発点となりますので、必ず問われる質問です。

❸自校の実態を的確に分析してとらえているのかを問う質問です。

❹この問いの前の回答の意図が伝わっていなかったということです。

❺自分が主張したいことと異なる場合は、明確に否定して構いません。

❻方策は、できるだけ具体的な取組まで用意しておき、

びつけるか、具体的な計画を立てさせます。

Q ❼計画を立てさせるだけで実現しますか。

A 主幹教諭とともに組織目標への取組状況の進行管理を行っていきます。

Q ❽具体的にどうするのですか。

A 目標達成に向けての取組、成果などの状況を観察するとともに、教員評価の面接の場などを利用して状況を確認し、具体的に指導・助言をします。

Q 若手教員の経営参画する意識はどうしますか。

A 可能な限り若い教員にも組織のリーダーを任せるようにし、❾経営計画を具現化するための教育活動を具体的に企画・運営させます。

Q そうした取組に❿何を期待するのですか。

A 若手教員に達成感をもたせ、学校経営に参画することの面白さを感じさせることです。

Q ⓫経験が少ない若手教員に任せて、心配はありませんか。

A 各組織にサポート役として主幹教諭や主任を配置し、若手教員を支援する体制を整えます。

Q そうであれば、最初からベテランの教職員に任せてしまった方が確実ではないのですか。

A 確かにそうした側面はあるかもしれませんが、⓬これからの教育を担っていく若手教員の指導・育成というOJTの考え方に則って進めていきます。

聞かれたらすぐに答えられるようにしておきます。

❼教頭としての方策、取組が具体化されているのかを問う質問です。

❽具体的な取組が問われ続けています。教頭面接ではこのような展開は珍しくありません。

❾方策の目的も含めて回答しています。

❿取組の本質的な目的を問う質問です。

⓫若手教員に任せるという方策から、当然想定される質問です。

⓬教育を大きくとらえ、広い考え方に立った回答になっていて好意的に受けとめられるでしょう。

面接合格のポイントと備え

目標の達成に向けた教育活動の推進、それを支える人材の育成という組織マネジメントに欠かすことができない視点に関わる的確な考え方と具体的な手立てをもって面接に臨んでいることがわかります。「なぜ経営方針が浸透しないのか」「その取組で何を期待するのか」といった質問は、学校経営の実態の適切な把握とそれに基づく具体的な方策のねらいを問うもので、自校の実態に基づいて明確に答える必要があります。

【教頭面接】②働き方改革・業務改善

　面接では、一校の教頭として働き方改革を進めることができるかどうかが観られます。そのために、働き方改革がなぜ必要なのか、自校の実態はどうなっているのか、どのような課題が存在しているのか、課題解決のためにどのような方策が考えられるのか、といったことが問われます。こうした問いに自信をもって自分の考え方を述べることが必要です。

　具体的な方策は、文部科学省や教育委員会の通知などをふまえることはもちろんですが、自校の校長の考え方や方針に基づいて考えます。教頭として、校長の考え方を具現化する姿勢も観られています。

質疑応答例

合格へのヒント

Q　教員の働き方改革が言われていますが、あなたはその❶必要性をどのようにとらえていますか。

A　教員の心身の健康を維持するとともに子どもと触れ合う時間を確保するなど、日々の教育活動を充実させることが最大の目的であると認識しています。

Q　あなたの❷学校の教職員の働き方の実態はどうなっていますか。

A　基本的に勤務時間内に仕事を終えるよう努力してはいますが、中には夜遅くまで残って仕事する教員、休日に出勤する教員などが存在しています。

Q　そうした教員に、あなたは教頭としてどのように対応していきますか。

A　勤務時間を意識して、計画を立てて効率的に仕事を進めるよう指導します。

Q　❸それで、この問題は解決しますか。

A　業務の絶対量が多いことも時間外勤務が増加している原因であると認識していますので、業務の削減に取り組みたいと考えています。

Q　❹どういうことか、詳しく説明してください。

A　必要に応じて新たな活動を始めても、以前の活動

❶働き方改革の最終的な目的は、学校教育の充実にあります。その視点から、自身の考えを整理しておきます。

❷具体的な事実を基に、教員の働き方の実態を整理しておきます。

❸当然問われる追加質問です。面接の流れを想定して、どう答えるか考えておきましょう。

❹面接官が、話の内容に興味を示したということですので、望ましい傾向の質問です。

もそのまま残り、結果的に業務が増加している実態がありますので、教育活動の整理・統合を進めます。

Q _❺教育活動を整理することは容易ではないと思いますが。

A すべての教育活動を見直し、_❻校長の学校経営方針に基づいて重点的に取り組むものと軽く扱うものを選別させます。

Q 重視するものと軽く扱うものについて、_❼具体的にどのような教育活動を考えているのですか。

A 校長の経営方針に基づいて、授業改善に重点的に取り組みます。体育的行事に関しては重複していますので、整理・統合することが可能だと考えています。

Q 業務の削減について、他に考えはありますか。

A 教員以外が担うことが可能な業務を抽出し、教員以外にも担っていただく体制をとっていきます。

Q _❽どのような方法で進めていきますか。

A 中央教育審議会が示す仕分けなどを参考し、検討委員会を組織して整理していきます。

Q _❾教員以外に任せる場合に課題はありませんか。

A 学校にある個人情報の保護、打ち合わせの時間の確保などが課題になると思っています。

❺受験者を揺さぶる質問です。動揺することなく、落ち着いて自分の考えを述べましょう。

❻検討の視点を「校長の学校経営方針」と明確に示すことが大切です。

❼面接では、取り上げた方策についての具体的な内容が問われますので用意しておきましょう。

❽具体的な取組の手順まで問われますので、回答を用意しておきます。

❾方策の目的と同時に、課題も整理しておく必要があります。

面接合格のポイントと備え

働き方改革の必要性、自校の実態と課題、課題解決のための方策と具体的な取組を一連のものとして整理しておくことが必要です。単に抽象的な考え方ではなく、自校の実態に即した具体的な回答が求められます。

そのために、中央教育審議会の答申や教育委員会の通知などに目を通し、自校の実態を把握して課題を明確にします。そのうえで、課題解決の方策を考えて具体的な取組を整理します。日常的に自校の状況を見つめ、課題とその解決策を考えておくことが大切です。

【教頭面接】③ICT活用の推進

　これからの学校教育では、ICTを効果的に活用し、教育活動を充実させることは必須の条件です。文部科学省もその推進を求めていますが、まだ十分とは言えない現状があります。教頭としてその原因を分析して課題を明確にし、課題解決に取り組んでいくことが必要です。

　面接では、教頭としての課題把握の状況、具体的な方策の有無、取り組み姿勢などが問われることになります。課題の分析力とその解決策の立案能力が観られます。

質疑応答例

Q　あなたの学校のICTの活用状況は100点満点で何点くらいですか。

A　だいたい❶65点くらいだと捉えています。

Q　合格点に届いていませんが、何が問題なのですか。

A　❷点数が低い原因は２つあります。第１に、❸ICTの活用が授業改善に結びついていない状況があるということです。もう１つは、ICTを活用する教員が一部に偏っているということです。

Q　なぜ、授業改善につながっていないのですか。

A　ICTの活用自体が目的化して、学びの深まりにつながっていない実態が見られるからです。

Q　どうすれば、学びの深まりにつながるのですか。

A　❹授業の本質である生徒主体の学びを保障すること、問題解決的な学習の過程にICTを位置づけることなどが必要だと考えています。

Q　そのことに教頭としてどう取り組んでいきますか。

A　ICTの効果的活用に関する情報を提供するとともに、授業観察を通して個別に指導していきます。

Q　ICTの活用よりも、❺授業の質的向上を図ることを優先しなければならないのではないですか。

A　❻ICTを効果的に活用することが授業改善であり、

合格へのヒント

❶なぜその点数になるのか、根拠を答えられるようにしておきます。

❷複数の話をする場合は、最初にナンバリングをしてから答えるようにします。

❸面接は、基本的に「現状⇒課題⇒解決策」という順に進んでいきますので、あらかじめその流れを想定した回答をするようにします。

❹「主体的・対話的で深い学び」の具体的な姿を想定した回答を用意しておきます。

❺問われることが想定される本質的な質問です。どう

深い学びを保障することになります。

Q　ICTを活用する教員が偏っていることに対しては、どう対応していきますか。

A　❼ICTの使用に自信がないことが原因にあるので、ICTを活用できる力を育みます。

Q　本人にその気持ちがないと、そうした力を育成することはむずかしいのではないでしょうか。

A　指導計画を見直して、ICTを使わなければならない状況を創り出します。また、❽学年ごとにICT担当教員を配置し、支援体制を整えます。

Q　指導計画はあくまでも計画で、最終的にはICTの活用は個々の教員に任されると思うのですが。

A　❾確かにその通りですが、校内研修などを通してICT活用の必要性を浸透させていきます。

Q　それで、ICTを使用するようになりますか。

A　教科部会、学年会の活動を重視して、定期的にICTの活用状況を報告しあうようにします。

Q　他にありませんか。

A　❿教務主任やICT主任などにも指示して、定期的に授業観察を続けていきます。

答えるか考えておきます。

❻ICTの活用と授業改善が一体であることを強調します。

❼課題に対する対応策は必ず問われますので、しっかりした考えを用意しておきます。

❽学校としての組織的な取組にしていくことが大切です。

❾面接官の話は頭から否定するのではなく、まずは肯定的に受けとめてから自分の考えを話します。

❿主幹教諭や主任などを含めた対応策を用意しておきます。

4章教頭　頻出「面接質問」への対策

面接合格のポイントと備え

　学校教育におけるICTの活用は必然の流れであり、面接官は、あなたが教頭として「学校のICT活用」を推進することができる理論と実行力を備えているかどうかを判断しようとしています。ですから、文部科学省や各自治体の考え方などに基づいて自校の実態を把握し、課題を明確にしておきます。そのうえで、課題解決策を考えて具体的な取組を整理しておくことが大切です。

　とくに、ICT導入の主眼は授業を改革し、子どもの学びの内容や方法を変えることにあります。「主体的・対話的で深い学び」の実現のためにICTをどう活用していくのか、個別最適な学びや協働的な学びとの関係もふまえて自校の実態に即して整理しておくことが必要です。

【教頭面接】④教育課程の実施

　新学習指導要領に基づく教育課程は、カリキュラム・マネジメントの考え方に立って編成・実施することが重要です。

　面接では、教頭としてそれを牽引する役割を果たすための課題を的確に把握しているか、それを解決していく方策をもっているのかが問われます。自校の実態を分析し、具体的な課題と解決のための手立てを用意しておくことが必要です。

質疑応答例

Q　教育課程の編成にあたって、❶なぜ、カリキュラム・マネジメントが重視されているのでしょうか。

A　学校教育の改善・充実を図るために、その軸となる教育課程を総合的に見直すためだととらえています。

Q　カリキュラム・マネジメントを進めるうえで、❷あなたの学校の課題はどこにありますか。

A　❸2つあります。1つは、学校全体で育成すべき資質・能力の共有、教育活動への反映が十分ではないことです。第2に、カリキュラム・マネジメントに対する教職員の理解が進んでいないことです。

Q　❹最初の課題について、あなたはどのように対応していこうと考えていますか。

A　学校として育成すべき資質・能力を明確にして、すべての教育活動に反映させていきます。

Q　何を根拠に資質・能力を明確にするのですか。

A　❺校長の学校経営方針をもとに、子どもや地域の実態をふまえて検討します。

Q　それを教頭一人で進めるのですか。

A　全教職員での共通理解が欠かせません。❻教務主任を中心に委員会を組織し、組織的に検討させます。

Q　教育活動に反映させる手立てはありますか。

A　全員ですべての指導計画を見直し、❼それぞれの

合格へのヒント

❶大きな問いですが、自分なりの回答を用意しておく必要があります。

❷面接の本質に迫る質問です。

❸複数の回答がある場合は、このようにナンバリングしてから答えます。

❹挙げた課題に関しては、必ず解決策が問われますので、その用意をしておく必要があります。

❺話題が教育課程の編成ですので、校長の経営方針を挙げることが適切です。

❻学校としての組織的な取組にすることが大切です。

教育活動の目標や内容に育成すべき資質・能力の視点を位置づけさせます。

Q 第2の課題ですが、❽なぜ教職員の理解が進まないのでしょうか。

A カリキュラム・マネジメントは管理職がするものという思い込みがあるのだと考えています。

Q それをどのように改善していきますか。

A 実際にPDCAサイクルに基づいて❾個々の教育活動の評価・改善に取り組ませ、意識改革を図ります。

Q それはこれまでの評価と同じではないのですか。

A 目標の明確化、教育資源の活用、地域社会との連携・協働など、カリキュラム・マネジメントの考え方に立った明確な評価の視点を付け加えます。

Q ❿すべての教員に、それを実行させることは難しくありませんか。

A 定期的に面接の場を設け、話し合いながら評価・改善をさせていきます。

Q ⓫教頭という多忙な職務と並行して面接を続けることはできますか。

A これは⓬人材育成の一環でもありますので、OJTの考え方に立って主幹教諭や各分掌主任にも分担して実施・指導するようなシステムをつくります。

❼具体的な手立てを用意しておきます。

❽課題に関しては、このように理由が問われることがあります。

❾単なる指導や情報提供ではなく、具体的な行動を通して意識改革を図るという考え方は効果的です。

❿具体的で現実的な手立てをもっているかどうかを問う質問です。

⓫❿の質問と同様、具体的で現実的な手立ての有無を確かめています。

⓬受験者の深い考え方が表れている回答です。

面接合格のポイントと備え

カリキュラム・マネジメントの考え方に立った教育課程の編成に対するしっかりした考え方に基づいた面接問答になっています。自校の課題と、それに対する対応策も適切に答えられています。

面接官は、受験者がどこまで具体的な取組を考えているのかを探る質問をしてきます。したがって、対応策については単なる抽象論ではなく、具体的で実現可能な手立てを用意しておくことが重要です。とくに教頭としてのリーダーシップを発揮して、組織的な取組にしていくことが重要です。

【教頭面接】⑤授業改善

　授業改善は、管理職として取り組まなければならない最も重要な課題です。「主体的・対話的で深い学び」や「個別最適な学びと協働的な学び」の実現など、今求められている授業のあり方から自校の課題を明確にし、授業改善の方策を構築します。そのうえで、教頭としてどのような取組をしていくか、具体的な方策をもって面接に臨むことが重要です。

質疑応答例

Q 　学習指導要領では授業改善を求めていますが、❶あなたの学校でそのことは共通理解されていますか。

A 　個々の教員はよい授業にする努力をしていますが、全体的な取組は十分ではないと感じています。

Q 　それは、具体的にどういうことですか。

A 　❷全校で統一した方針で授業改善に取り組むことが必要であるととらえています。

Q 　そうした状況を改善するために、教頭として❸どこから手をつけていきますか。

A 　まず、学力調査の結果の分析を通して学力向上を図るうえでの課題を明確にし、学校としての授業改善の方針を立てて進めていきます。

Q 　どうやって進めるのですか。

A 　教務主任に指示して進めさせます。

Q 　❹教務主任に任せてしまってよいのですか。

A 　すべての教員が課題を把握したうえで授業改善に取り組むことが大切ですので、❺調査結果の分析や改善策の立案はすべての教員で分担して行います。

Q 　それからどうするのか、具体的にお話しください。

A 　❻教務主任を中心に教材や指導計画を見直させます。また研究主任に指示し、授業研究を通して授業改善の具体化を図っていきます。

Q 　そのほかに、授業改善を進めるうえでどのような

合格へのヒント

❶面接官は、学校としての授業改善を求めていることがわかります。

❷面接官が求めている「学校としての授業改善」の回答として的確に答えています。

❸具体的な取組の方法、手順が明確になっているかを問う質問です。

❹学校全体で取り組む授業改善という視点に立った問いかけです。

❺面接官の意図を汲み、適切に答えています。

❻全校を挙げての組織的な取組にする意図が伝わってきます。

課題がありますか。

A　❼現任校は若い教員が多く、基本的な授業力が十分に身についていないことが課題であると考えています。

Q　そうした**教員をどう育成**しようと考えますか。

A　それぞれの教員の課題を明確にし、❽一人ひとりの指導育成計画を作成して計画的に指導していきます。

Q　「計画的に」を具体的に説明してください。

A　学年主任や教務主任と個々の教員の課題や指導育成の方針を共有し、OJTとして指導していきます。

Q　❾課題を共有するのは主任層だけですか。

A　❿本人が課題を認識することが最も大切ですので、最初に本人の自覚を促します。

Q　どのようにして**自覚**させるのですか。

A　業績評価に関わる面接の場などを利用し、改善すべき課題について具体的に話をします。

Q　⓫指導・育成が必要なのは若い教員だけですか。

A　ある程度の経験があっても、授業力が十分ではない教員も在籍しています。

Q　そうした**教員**は、どうやって指導しますか。

A　必要に応じて指導育成計画を作成して指導しますが、⓬私自身で授業観察を重ね、授業場面に即した具体的な指導をしていきます。

❼教頭として、自校の教職員の状況・実態は正確に把握しておくことが求められます。

❽具体的な取組の方法や手順を用意しておくことが必要です。

❾質問の意図を考えて回答することが必要です。

❿面接官の意図を察した回答になっています。

⓫学校全体を見渡した方策を求めています。

⓬1つの方策だけではなく、いくつかの方策を用意しておく必要があります。

4章教頭　頻出「面接質問」への対策

面接合格のポイントと備え

　日々の授業改善は、学校教育を充実させるために教頭として取り組まなければならない最大の課題です。本事例では、そのための具体的な方策をもって面接に臨んでいることがよくわかります。

　「教務主任に任せてしまってよいのですか」「課題を共有するのは主任層だけですか」といった質問は、面接官からの特定の意図をもっての問いかけです。その意図を探り、面接官の考えていることに正対して答えることが高い評価につながります。面接官の考えに即して答えていくことが、面接を成功させるコツと言えます。

【教頭面接】⑥特別支援教育

特別支援教育に対するニーズが増加しているなか、その基盤となるインクルーシブ教育の考え方を浸透させ、具体化していくことが求められています。教頭として、そのための手順と具体的な方策をもっているかどうかが問われます。

質疑応答例

Q ❶インクルーシブ教育とは、どのような教育の考え方ですか。

A 障害のある子どもとない子どもが共に学び、共に育つ教育だと認識しています。

Q あなたの学校で、❷インクルーシブ教育を具体化するうえでの課題はどこにありますか。

A 教職員の間にインクルーシブ教育の重要性が浸透していないことが最も大きな課題です。

Q 浸透していない原因はどこにありますか。

A ❸特別支援教育は、障害のある子どもだけを対象とした教育であるという旧来の考え方から抜け切れていないことが原因です。

Q あなたは、そうした状況をどのように改善していきますか。

A まず、インクルーシブ教育の考え方について学ぶ研修会を実施します。

Q ❹研修だけで、教職員の意識は変わりますか。

A 実際に障害のある方の話などを伺い、インクルーシブ教育の重要性を認識させます。

Q 話を聞くだけで、認識が変わるとは思えないのですが。

A 実際に❺インクルーシブ教育推進のための活動に取り組ませ、浸透を図っていきます。

Q どういうことか、具体的に説明してください。

合格へのヒント

❶インクルーシブ教育の理念が問われているので、簡潔に力強く答えます。

❷面接に臨む際の基本です。自校の課題を明確にしておく必要があります。

❸旧来の「特殊教育」の考え方から抜け切れていないということです。

❹単なる研修だけで教職員の意識を変えることは難しいでしょう。多様な方法を用意しておく必要があります。

❺意識を変えるためには、実際に取り組んでみることが大切です。

A　❻個別の教育支援計画や個別の指導計画を見直させ、個々のニーズにあった教育が十分提供できているか検討させます。

Q　他には、ありませんか。

A　❼専門家や関係機関との連携体制を確立し、個々の子どもの障害の状態やニーズに応じた指導や支援のできる体制を整えていきます。

Q　❽**教員の指導そのものを変えていく必要があるのではないですか。**

A　もちろんです。授業自体を変えることに取り組んでいきます。

Q　どう変えていくのか、**具体的に教えてください。**

A　校内研究で授業改善を取り上げ、ユニバーサルデザインの考え方に基づいた授業を実現していきます。

Q　なぜ、ユニバーサルデザインなのですか。

A　❾ユニバーサルデザイン化した授業は、障害のある子どもだけではなく、すべての子どもにとってわかりやすく効果的な授業になるからです。

Q　**具体的に、どのような点を工夫しますか。**

A　❿学習のねらいを明確にして提示する工夫、必要な情報の視覚化、子どもの考えの共有化などの具体的な授業のあり方を追究させます。

Q　そのための具体的な手立てはありますか。

A　⓫特別支援教育の専門家を講師として招聘し、具体的な事例を学ぶ機会を設けたいと考えています。

❻この二つは、インクルーシブ教育を進めるための基本となります。

❼インクルーシブ教育を推進するために、管理職として取り組まなければならない重要な課題です。

❽インクルーシブ教育推進のための核心に迫ってくる質問です。

❾インクルーシブ教育の考え方に基づき、授業改善の方向性を明確に答えられています。

❿授業改善の視点も明確に答えられています。

⓫具体的な取組の手立てをもっていることがわかります。

面接合格のポイントと備え

　面接官の質問の意図を正確に把握し、的確に対応できている面接問答になっています。面接に臨むにあたっては、自校の課題とその解決策を用意しておくことが欠かせません。具体的な課題と解決策をセットで準備しておくようにします。とくに解決策は、様々な角度から補強し合う取組を複数用意しておくようにします。

【教頭面接】⑦いじめの防止・対応

　理由の有無にかかわらず、いじめはあってはならない人権問題です。学校は「いじめ防止対策推進法」に基づき「学校いじめ防止基本方針」を作成していじめ問題に取り組んでいますが、改善の傾向は見られません。

　面接では、そうした状況を改善するために、学校教育のどこに課題があり、教頭としてどのように改善していくのかが問われます。自校の実態を分析し、具体的な方策を用意しておくことが必要です。

質疑応答例

Q　❶あなたの学校にいじめの問題はありませんか。
A　昨年度、高学年の女子児童が、集団で仲間外れをしていたということがありました。

Q　もう少し詳しく教えてください。
A　5年生の学級で、それまで仲のよかった数名のグループの中の一人を無視して、一緒に遊ぶことを避けるという問題に発展したのです。

Q　そうした❷いじめが起きた原因はどこにあったと分析していますか。
A　学級経営がうまくいかず、子どもの人間関係に問題があったと考えています。

Q　あなたは教頭として、❸そうした学級の担任にどのように指導しますか。
A　子どもがそれぞれのよさを認め合い、互いに協力し合う学級づくりを進めるよう指導します。

Q　もっと具体的にお話しください。
A　❹協力して取り組む集団活動、一緒に汗を流す体験的活動や奉仕的活動などに取り組ませます。

Q　❺そんなことを言っていても、今、いじめが起きてしまうかもしれないのですよ。
A　短期的には、仲間外れはいじめであり絶対にいけないことを指導したうえで、学級のルールを確立する

合格へのヒント

❶自校のいじめ問題については、件数とともに具体的な状況を把握しておく必要があります。

❷取り上げた事例の詳しい状況とともに、その原因を分析しておくことが必要です。

❸分析した原因をもとに、教頭としての対応策を用意しておきます。

❹指導する内容は、できるだけ具体化しておきます。

❺中・長期的な対応とともに、短期的で緊急に対応すべきことに分けて考えておくことが必要です。

よう指導します。

Q ❻いじめ問題は早期発見・早期対応が大切ですが、あなたは教頭してどのように取り組みますか。

A　一人ひとりの教員の子どもを観察する力を育て、いじめの早期発見・早期対応に努めます。

Q ❼インターネットを使ったいじめは発見することが難しいと言われていますが、それで十分ですか。

A　一人の目では限界がありますので、❽養護教諭やスクールカウンセラーなども含めて、多くの目で子どもを見守る組織を構築します。

Q ❾その組織をどのように機能させていきますか。

A　定期的に観察した結果を持ち寄り、情報交換をする場を設定します。

Q　それだけですか。

A　気になる子どもがいた場合は関係者によるケース会議を開き、対応策を検討します。状況に応じて、保護者や地域の専門家と情報交換する場を設けます。

Q　その際、どのようなことに配慮しますか。

A　❿いじめは人権に関わる問題ですので、情報の扱いには慎重を期します。とくに、個人情報が流出しないよう、万全の配慮をします。

Q ⓫その配慮について、具体的に教えてください……

❻不幸にしていじめが起きてしまったときの対応策も考えておかなければなりません。

❼様々ないじめの状況を想定しておく必要があります。

❽個々の教員への指導だけでは不十分です。組織的な対応策が求められます。

❾対応策は、できるだけ具体化しておきます。

❿いじめは微妙な問題を含んでいますので、個人情報の扱いは慎重にしなければなりません。

⓫単なる理念だけに終わっていないか、確かめようとする質問です。明確な考え方と方針が求められます。

面接合格のポイントと備え

　いじめ問題に対する基本的な対応方針は、しっかり答えられています。とくに、若い教員が増加している現状をふまえ、いじめ防止への対策の第一に学級経営を取り上げたことは適切です。若手教員にどのように指示するのか、具体的な内容を用意しておくことが必要です。

　いじめ問題など様々な課題解決の取組は、順序性が大切となります。緊急に実施すべきこと、ある程度の時間をかけて実施していくことなどに分ける必要があります。管理職として、短期的な対応、中・長期的な展望に立った対応などに整理して学校経営を考えておくようにしましょう。

4章 頻出「面接質問」への対策

【教頭面接】 ⑧危機管理・学校安全

児童生徒の安全・安心な生活を確保することは学校教育を成り立たせる基盤ですが、それを脅かす要因は様々で、学校が置かれた環境によっても異なります。面接では、教頭として自校の実態に基づく課題を明確に把握しているか、具体的な課題解決策をもっているか等が問われます。

質疑応答例

Q あなたの学校では、「危険等発生時対処要領」が備えられていますか。

A <u>学校保健安全法に基づいて「危機管理マニュアル」❶</u>を整え、いざという事態に備えています。

Q その危機管理マニュアルに関わって、<u>何か課題❷</u>がありますか。

A 危機管理マニュアルの存在に対する意識が薄れてしまうことが最も大きな課題だと感じています。

Q 教頭として、そのような状況を<u>どのように改善❸</u>していきますか。

A 定期的にマニュアルの読み合わせなどをして、全教職員で共通理解を深めていきます。

Q それで、**教職員の意識は高まりますか。**

A 分掌ごとに危機管理上の<u>問題点を話し合って改善策をまとめさせ、マニュアルに反映させていきます。❹</u>

Q それだけで危機管理マニュアルが機能し、<u>安全・安心な学校づくりは実現しますか。❺</u>

A 保護者や地域の関係者とも危機管理マニュアルの共通理解を図り、非常時に備えていきます。

Q <u>どうやって共通理解を進めるのですか。❻</u>

A 学校だよりに危機管理コーナーを作り、定期的に情報を発信していきます。また、マニュアルの改善点についてはホームページで広報します。

Q <u>子どもたちの指導に関する課題はありませんか。❼</u>

合格へのヒント

❶危機管理マニュアルを作成する法的根拠に触れたことは、教頭の姿勢として適切です。

❷面接で問われる基本であり、日ごろから意識して整理しておくことが大切です。

❸❷の課題とセットにして整理しておかなければなりません。

❹教職員の意識化を図るために、こうした具体的な活動をさせることが重要です。

❺質問の問題意識がマニュアルから広がった点に着目する必要があります。

❻具体的な取組が求められます。

❼質問の問題意識

A ⑧知識や建て前だけを教える安全教育になっていることが課題だと感じています。

Q それはどういうことですか。

A 自分の命は自分で守るという、主体的に行動する力を育てる教育になっていないということです。

Q ⑨もう少し具体的にお話しください。

A ⑩たとえば避難訓練などは教師にやらされているだけで、子どもが自分の命を守る行動をするという意識が育っていないと感じています。

Q 具体的にどう改善するのですか。

A 様々な場面を想定した訓練を実施し、子どもが自分で考えて行動しなければならないような状況を作り出します。

Q ⑪それは、避難訓練だけですか。

A 道徳や体育、理科の実験など安全に関わる指導をする場面では、常に自分の安全を守るという視点から考えさせる指導にします。

Q ⑫他の場面での指導は考えられませんか。

A 安全教育だけでなく、⑬すべての教育活動で子どもが自分で考えて行動する活動を取り入れ、主体的に行動する力を育てていきます。

Q 具体的にどのように取り組みますか。

A 教務主任に指示し、子どもが主体的に考え学んでいく教育活動になっているかどうかという視点からすべての指導計画の見直しを図ります。

がさらに広がった点に着目します。

❽安全教育に対する問題意識が明確に述べられています。

❾回答が抽象的で、具体的になっていないための追質問です。

❿具体的な事例をあげることで、主張したいことが具体的になります。

⓫面接官の問題意識は、避難訓練よりも大きなところにあります。

⓬さらに大きな視点から考えることを求めています。

⓭主体的に行動する力は、安全教育だけでなく、すべての教育活動で育てていくことが必要です。

面接合格のポイントと備え

　危機管理・学校安全に関する自校の課題と解決策をもって面接に臨んでいることがわかる展開になっています。面接を続けるなかで、危機管理マニュアル⇒学校の安全・安心⇒子どもへの指導というように、面接官の問題意識の変化に伴い、質問の意図が変わってきています。面接官の言葉からその変化を的確に把握し、回答に反映させることが必要です。

【教頭面接】⑨教員の不祥事防止

　教職員の不祥事を防止することは、信頼される学校づくりの基本となります。教頭として不祥事につながる心配のある状況を迅速に把握し、的確な対応策をとっていくことが求められます。

　そうした管理職としての基本的な姿勢や、具体的な取組方策をもっているかどうかが問われます。

質疑応答例

合格へのヒント

Q　あなたの学校では、不祥事が起きる心配はありませんか。

A　毎月、研修会を行って➊教育公務員としての意識を高めるとともに、学校全体の教育の質の底上げを図っているので大丈夫だと思っています。

Q　教育の質の底上げと不祥事とに、どんな関係があるのですか。

A　校長が示している、学校全体で➋信頼関係に基づいた教育を進めていくという考え方に立った教育を進めていくということです。

Q　➌不祥事が心配な教員はいないということですか。

A　➍子どもに接する態度が威圧的で、不適切な言動が心配される教員はいます。

Q　どういうことですか。

A　威圧的な言動が高じて、体罰に至らないかという心配があります。

Q　その教員に、どんな指導をしているのですか。

A　➎教務主任として定期的に授業の様子を観察し、児童理解の重要性や子どもとの接し方を指導しています。

Q　それだけで大丈夫ですか。教頭としての取組は考えられませんか。

A　➏学年主任に指示して育成計画を作成し、OJTの

➊どこの学校にも不祥事の心配は存在しています。それを前提として、不祥事を防止するための基本的な考え方を述べています。

➋充実した教育活動を進めるための基本となる考え方です。

➌最初の「大丈夫です」と答えた見解に対して追及する質問です。

➍このような教員は、どんな学校にも存在しているはずです。

➎まず、現在の立場で取り組んでいることを答えます。

➏教頭として取り組んでいきたい具体的な方策を用意しておきます。

考え方に即して組織的に指導・育成していきます。

Q 他に方法はないのですか。

A 服務研修を継続して実施していきます。

Q ❼その服務研修に問題はありませんか。

A 毎月、定期的に実施しているので、マンネリ化してしまうことが課題だと思っています。

Q 研修の❽マンネリ化が、なぜ課題になるのですか。

A 研修の内容自体は大きく変わらないので「またか」という意識になって、緊張感が欠けてしまうことが問題だと認識しています。

Q ❾どのような研修に改善していきますか。

A ❿参加型の研修にして、緊張感をもって臨む研修にしていきます。

Q どういうことか、具体的に教えてください。

A 身近で起きた具体的な事例を取り上げ、原因を分析して防止策を検討させたり、グループ討議などを取り入れたりして自身の問題として考えさせます。

Q ⓫他に研修の実効性を高めるための方策はありませんか。

A 日常的に不祥事に関する情報を提供し、緊張感の持続を促していきます。

Q ⓬他にはありませんか。

A ⓭自己の行動を振り返るチェック表を作成し、定期的に自分の行動を振り返って、研修会での学びを実際の場面で活かすようにします。

❼日頃から、どのような課題があるのかという視点で教育活動を分析しておく必要があります。

❽服務研修に限らず、継続して行う研修は常にマンネリ化が問題となります。その解決策を用意しておく必要があります。

❾具体的な改善の方策が求められます。

❿この答え方では具体的にはなっていないので、直後に追質問されています。

⓫面接官は、単なる研修から一歩踏み出した取組を求めています。

⓬面接官は、まだ満足していません。

⓭日常的な取組を述べることができました。

面接合格のポイントと備え

不祥事に対する認識と、不祥事防止のための方策について問われる面接の展開になっています。最初は認識がやや弱かったのですが、面接官とやりとりするなかで、徐々に面接官の意図に即した応答ができるようになってきたことがわかります。早めに面接官の意図を察して回答に反映させることが、面接試験を成功させるポイントと言えるでしょう。

【教頭面接】⑩保護者・地域連携

　学校が保護者や地域と連携・協働して教育活動を進めていくことは、これからの学校経営の基本です。そのために、教頭には学校側の窓口としての役割を果たすことが求められます。そうしたパイプ役としての基本的な姿勢や具体的な取組方策をもっているかどうかが問われます。

質疑応答例

合格へのヒント

Q　あなたの学校では、保護者や地域との連携・協働はできていますか。
A　保護者や地域に協力していただいている教育活動はありますが、❶十分ではないと認識しています。
Q　どうしてそう感じるのですか。
A　保護者や地域の教育力を学校で生かし切れていないと思っています。
Q　❷その原因はどこにありますか。
A　学校が進めている教育活動について、十分にご理解いただいていないことが根本的な原因です。
Q　あなたは、そうした状況を教頭として❷どのように改善していきますか。
A　校長の学校経営方針をわかりやすく整理し、学校だよりやホームページなどを活用して地域や保護者に伝えるようにしていきます。
Q　読んでもらうことが前提ですが、❸皆さんに読んでもらえますか。
A　読みやすい内容にしますが、❹保護者会や地域の会合に出席して直接伝えるようにします。
Q　そうした会に出席しない方も多いと思いますが。
A　❺授業参観や行事の公開などを増やし、実際の教育活動を見て理解を深めていただきます。
Q　教職員の理解は得られますか。
A　多くはその意図を理解してくれると思いますが、

❶面接では、課題のない学校はないという立場に立つことが必要です。これは、面接に臨む際の基本的な姿勢です。

❷面接問答の基本的な流れです。課題の現状⇒その原因⇒具体的な解決策、という手順で質問が進められます。

❸文字情報だけで浸透させることは難しい実態があります。

❹文字情報だけでなく、直接伝える機会を大切にします。

❺実際の教育活動を見ていただくことは、具体的な理解につながります。

⑥ <u>反対する教職員もいるかもしれません。</u>

Q　どのように対応しますか。

A　⑦<u>教育委員会の方針を説明するとともに、先進校</u>の事例を収集して情報提供し意識改革を図ります。

Q　それで意識を変えることはできますか。

A　保護者や地域との連携・協働に関する⑧<u>検討委員</u><u>会を組織して</u>、具体的な連携策を検討させます。

Q　わざわざ委員会を組織する目的はどこにあるのですか。

A　⑨<u>2つあります。</u>1つは学校として組織的に連携に取り組む姿勢を示すこと、もう1つは実際に連携することで、その有効性を認識させることです。

Q　保護者や地域との連携を、⑩<u>学校側の都合だけで</u>一方的に進めてしまって大丈夫ですか。

A　もちろん、保護者や地域の意向も大切にします。

Q　具体的にどう大切にするのですか。

A　年度末の教育活動に対する評価を重視して⑪<u>保護</u><u>者や地域の声に耳を傾け</u>、アンケート調査や学校評価の結果を次の教育活動に反映させます。

Q　それは、教職員の意識改革にどうつながるのですか。

A　⑫<u>保護者や地域の思いや意向を教職員に認識させ、</u>考え方を変えてもらうということです。

⑥正直に答え、その対応策を用意しておきます。

⑦意識改革を図るための基本的な手順です。

⑧学校としての組織的な取組にしていくために、組織を編成することが重要です。

⑨当然想定される質問ですので、あらかじめ回答を用意しておき、ナンバリングして論理的に答えます。

⑩立場を変えることが求められています。

⑪保護者や地域の声に耳を傾けることは、連携活動の基盤づくりになります。

⑫思いや意向を知ることが、意識を変えるきっかけになります。

面接合格のポイントと備え

　学校と保護者や地域が連携・協働することの意義や具体化に向けた方策について、しっかりと準備された面接問答になっています。

　面接は、テーマの意義⇒現任校の現状と課題⇒課題の要因⇒具体的な解決策という手順で進められることが基本になります。解決策には複数の取組を用意しておき、どのような角度から問われても答えられるようにしておくことが必要です。本面接事例は、そうした流れがよくわかる展開になっています。

5章

頻出「法規問題」への対策

学校管理職研究会

本章では、教育法規の学び方や法規の仕組みを示したうえで、選考試験で問われる頻出テーマをQ＆A形式で解説していきます。穴埋め部分を確認しながら何度も読むことで、重要ポイントが自然と身につきます。参考条文として根拠法規も掲載しています。

①　教育法規の学び方

本章を活用した法規学習の進め方

　学校教育の制度、学校の義務、管理職の職務等を定める教育法規を理解することは、管理職となって職務を遂行するうえで、また管理職選考を突破するうえで、欠かせない要素となります。

　基本的な法規や制度を理解するために、まずは次項②で基本的な法規の仕組みや種類を押さえたうえで、162頁以降の各テーマ③〜⑪の法規に関するQ&Aを**穴埋め部分を答えながら読み**、わからなかったところは《**参考条文**》で**根拠となる条文を確認する**、という流れで進めるとよいでしょう。

法規の条文を読むときのポイント

　教育法規を学ぶ際の大きなネックは、条文が読みづらくて、理解しづらいことではないでしょうか。

　条文の性格には様々なものがありますが、選考試験の観点で言えば、**主語と語尾に注目し**、その条文が「①義務」「②努力義務」「③禁止」「④職務規定」のどれを定めているかを把握していくとよいでしょう。

　「①**義務**」とは、「〜しなければならない」の形で終わる、言葉のとおり実行の義務を定める重要な条文です。絶対にやらなくては駄目、という強い意味合いがあります。

　とくに選考試験では「学校は〜」「校長は〜」「教員は〜」で始まり、「〜しなければならない」で終わる条文がよく出題されます。

　「②**努力義務**」とは、「〜努めなければならない」の形で終わる、実行の努力を義務づける条文です。なるべくやるように、というニュアンスで捉えるとよいでしょう。

「**③禁止**」とは、「～してはならない」の形で終わる、禁止を定める条文です。義務の反対で、絶対にやっては駄目、という意味合いになります。

これに違反すると法令違反になりかねない、重要な条文です。

「**④職務規定**」とは、「○○は～」で始まり動詞（監督する、つかさどる等）で終わる、○○の職務の内容を定める条文です。選考試験では、**校長や教頭等の職務規定**（学校教育法37条各項）を確実に押さえておく必要があります。

このほか、いじめなどの教育用語を法的に「定義」する条文（いじめ防止対策推進法2条）なども、選考試験でよく問われています。

その他、条文を読みづらくしている原因の一つは、条文中に括弧書きが頻繁に登場し、またその中身が長いことです。まずは**括弧書きを飛ばして読んでみる**ようにすると、条文の大まかな内容がつかみやすくなるでしょう。

（本特集の《参考条文》では、とくに重要な括弧書き以外を省略しています）

法令改正や新制度は、通知を追って確認する

法令の改正や新制度については、**通知の内容を追っていく**ことで、ある程度カバーすることができるでしょう。

文部科学省や教育委員会から発出される通知等の内容には、大きく分けて「法令改正や新制度のお知らせ」と「事故や不祥事等の注意喚起、防止の依頼」があります。

「法令改正や新制度のお知らせ」とは、**新しく始まる制度の概要や、実施にあたっての留意点**が示されたもので、学校経営や教職員の義務等にかかわる内容について確実に理解しておく必要があります。

「事故や不祥事等の注意喚起、防止の依頼」とは、何か事故や事件が起きた際に、再発を防ぐために発出されるもので、学校の取組や教職員の注意事項などが記載されています。

選考試験対策という観点から見ると、これらの文書の中で、**教育委員会から独自に出された文書**はとくに重要となります。

たとえば、条例改正による休暇日数の変更等があった場合には、各学校で間違いなく運用してほしいことから、**改正後の日数や取得条件など**が聞かれますので、通知内容をよく確認しておきましょう。

② 法規の仕組みと よく問われる教育法規

国の法規の仕組み

(1) 法律と政令・省令の関係を押さえる

まず、法規の仕組みについて見ていきましょう。

国の法規については、憲法、法律、政令・省令などがあります。

管理職選考対策として押さえておきたいのは、国会で制定される**法律**と、内閣が定める政令、各省の大臣が定める**省令**です。

法律（○○法など）で制度のざっくりとした大枠を定め、その詳細を政令（○○法施行令など）や、省令（○○法施行規則など）で定めるというパターンが多く見られます。

とくに、**法律の条文中に「政令で定める」とあったら同法施行令に詳しい規定が、「文部科学大臣が定める」とあったら同法施行規則に詳しい規定が**あるので、確認するようにしましょう。

(2) 告示で詳細な基準等が示される

さらに、条文で示しきれない詳細な基準等は、**告示**の形で示されます。「文部科学大臣が別に公示する」などとあったら、それは告示のことです。

告示の例として、「学習指導要領」（学校教育法施行規則52条等）や、「学校環境衛生基準」（学校保健安全法6条1項）があります。

地方（自治体）の法規の仕組み

地方の法規については、条例、規則、訓令（規程）などがあります。

条例は議会が制定し、**規則**は地方公共団体の長や行政委員会が制定します。

例として、勤務時間や休暇制度等については、条例（「学校職員の勤務時間、休暇等に関する条例」など）で制度を定め、必要に応じて規則で細かい条件

などを定めるというパターンがよく見られます。

　管理職にとっては、**教育委員会の定める規則である「学校管理規則」**（自治体によって名称は様々です）がとくに重要です。国の法規にない自治体独自の内容も含まれるので、必ず目を通しておく必要があります。

　なお、訓令（規程）も地方公共団体の長や行政委員会が制定しますが、行政内部のみを拘束するという点で規則と異なります。

管理職選考でよく問われる教育法規

　次に、管理職選考でよく問われる法規をおおまかに見ていきましょう。

(1)　学校教育法、同法施行令、同法施行規則

　学校の目的や管理職の職務など、**学校教育制度の全般について定める**法規ですので、管理職にとって最も重要であり、出題頻度も高くなっています。

　学校教育法からは、懲戒と体罰、学力の３要素、管理職の職務などが、**同法施行規則**からは、指導要録の作成、校務分掌、職員会議、教育課程の編成、通級指導などがよく出題されます。同法施行規則は３月末に改正されることが多いので、チェックしておくとよいでしょう。

(2)　地方公務員法、教育公務員特例法

　地方公務員法は、**地方公務員の人事、分限・懲戒、服務、研修**などについて規定する法律です。

　そのなかで、**校長や教員等の教育公務員に特例がある場合に、その特例を定めるのが教育公務員特例法**だと捉えておくとよいでしょう。

(3)　地方教育行政の組織及び運営に関する法律（地方教育行政法）

　教育委員会制度と、その所管する学校職員の身分の取扱い等について定める法律です。本法の**第４章第２節**（37条－47条の３）は、**県費負担教職員に関する地方公務員法の特例規定**が含まれており、県費負担教職員の任命権と服務監督権、勤務条件などがよく出題されます。

(4)　学校保健安全法、同法施行令、同法施行規則

　学校の保健管理や安全管理について定める法規です。

　保健管理としては、健康診断、感染症発生時の出席停止や臨時休業が、安全管理としては、学校安全計画の策定と実施、危険等発生時対処要領（危機管理マニュアル）の作成と周知・訓練等がよく問われます。

③ 校長・教頭の職務

　本項からは、管理職選考でよく問われるポイントを、（　）に入る言葉を答えながら確認していきましょう（解答は次頁）。

　校長・教頭の職務は、管理職選考で必須の知識です。校長の職務については、校務分掌や教職員の服務義務もあわせて押さえておきましょう。

　教頭の職務については、校長の職務と一体的に理解する必要があります。

校長の職務

●校長の職務は、法令にどのように規定されていますか？

　校長の職務は、学校教育法37条４項に「校長は、（　①　）をつかさどり、所属職員を（　②　）する」と規定されています。

●校務をつかさどるとはどういう意味ですか？

　教育活動の管理、教職員の人事管理、学校施設の管理、学校事務の管理など、学校の（　③　）を処理する権限をもつということです。

●校務分掌とは何のことですか？

　校長がつかさどる様々な校務を、所属職員に（　④　）して処理する仕組みのことです。

●校務分掌は、法令にどのように規定されていますか？

　校務分掌は、学校教育法施行規則43条に（小学校においては、）「（　⑤　）が行われるためにふさわしい校務分掌の仕組みを整えるものとする」と規定されています。

●所属職員を監督するとはどういう意味ですか？

　学校に所属するすべての職員の、「（　⑥　）の義務」に関する監督と、「（　⑦　）の義務」に関する監督を行う権限をもつということです。

●職務上の義務とは何ですか？

（ ⑧ ）義務や（ ⑨ ）義務など、勤務時間中に発生する教職員の義務のことです。

● 身分上の義務とは何ですか？

（ ⑩ ）の禁止や（ ⑪ ）の制限など、勤務時間の内外を問わない教職員の義務のことです。

● それら教職員の服務義務は、どのような法令に定められていますか？

地方公務員法30条から38条に定められており、兼職・兼業や政治的行為の制限については、その特例が（ ⑫ ）に定められています。

教頭の職務（副校長がいない場合を想定）

● 教頭の職務は、法令にどのように規定されていますか？

教頭の職務は、学校教育法37条7項に「校長……を（ ⑬ ）、校務を（ ⑭ ）し、及び必要に応じ児童の教育をつかさどる」と規定されています。

● 校長を助けとはどういう意味ですか？

校長がその職務を円滑に遂行できるよう、適切な情報提供を行ったり、校長の方針を教職員に周知するなどして、校長の職務全般を（ ⑮ ）することです。

● 校務を整理しとはどういう意味ですか？

校内の様々な教職員が円滑に仕事できるよう、校務をとりまとめて（ ⑯ ）することです。

● 教員不足などで教頭が授業を行う場合、何が必要となりますか？

学校種と教科（中高の場合）に応じた（ ⑰ ）が必要です。

● 教頭による校長の職務の代理・代行は、法令にどのように規定されていますか？

教頭による代理・代行は、学校教育法37条8項に「教頭は、校長……に（ ⑱ ）があるときは校長の職務を代理し、校長……が（ ⑲ ）ときは校長の職務を行う」と規定されています。

● 校長に事故があるときとはどのような場合ですか？

（ ⑳ ）などにより、校長が一時的に職務を遂行できない状況にある場合です。

● 校長が欠けたときとはどのような場合ですか？

（ ㉑ ）などにより、校長が不在となっている場合です。

5章 頻出「法規問題」への対策

「校長・教頭の職務」解答

①校務　②監督　③業務のすべて　④分担

⑤調和のとれた学校運営

⑥職務上　⑦身分上　⑧法令遵守　⑨職務専念

⑩信用失墜行為　⑪政治的行為

⑫教育公務員特例法

⑬助け　⑭整理　⑮補佐　⑯調整

⑰教員免許状

⑱事故　⑲欠けた　⑳事故や病気　㉑退職や死亡

《参考条文》

● **校長の職務**（学校教育法37条4項）

校長は、校務をつかさどり、所属職員を監督する。

● **校務分掌**（学校教育法施行規則43条）

小学校においては、調和のとれた学校運営が行われるためにふさわしい校務分掌の仕組みを整えるものとする。

● **服務の根本基準**（地方公務員法30条）

すべて職員は、全体の奉仕者として公共の利益のために勤務し、且つ、職務の遂行に当つては、全力を挙げてこれに専念しなければならない。

● **法令等及び上司の職務上の命令に従う義務**（地方公務員法32条）

職員は、その職務を遂行するに当つて、法令、条例、地方公共団体の規則及び地方公共団体の機関の定める規程に従い、且つ、上司の職務上の命令に忠実に従わなければならない。

● **信用失墜行為の禁止**（地方公務員法33条）

職員は、その職の信用を傷つけ、又は職員の職全体の不名誉となるような

行為をしてはならない。

● **秘密を守る義務**（地方公務員法34条）
　職員は、職務上知り得た秘密を漏らしてはならない。その職を退いた後も、また、同様とする。
　※2～3項略

● **職務に専念する義務**（地方公務員法35条）
　職員は、法律又は条例に特別の定がある場合を除く外、その勤務時間及び職務上の注意力のすべてをその職責遂行のために用い、当該地方公共団体がなすべき責を有する職務にのみ従事しなければならない。

● **公立学校の教育公務員の政治的行為の制限**（教育公務員特例法18条）
　公立学校の教育公務員の政治的行為の制限については、当分の間、地方公務員法第36条の規定にかかわらず、国家公務員の例による。
　※地方公務員法36条の特例規定。2項略

● **（教育公務員の）兼職及び他の事業等の従事**（教育公務員特例法17条）
　教育公務員は、教育に関する他の職を兼ね、又は教育に関する他の事業若しくは事務に従事することが本務の遂行に支障がないと任命権者……において認める場合には、給与を受け、又は受けないで、その職を兼ね、又はその事業若しくは事務に従事することができる。
　※地方公務員法38条の特例規定。2～3項略

● **教頭の職務**（学校教育法37条7項）
　教頭は、校長……を助け、校務を整理し、及び必要に応じ児童の教育をつかさどる。

● **教頭の代理・代行**（学校教育法37条8項）
　教頭は、校長……に事故があるときは校長の職務を代理し、校長……が欠けたときは校長の職務を行う。（以下略）

④　教育委員会の権限と研修

　学校の管理を行う教育委員会の権限を押さえましょう。政令市を除く市町村では、教職員の人事権がわかりにくくなっているので注意してください。

　2023年度からの研修受講奨励制度については195頁を参照してください。

教育委員会の権限と県費負担教職員制度（政令市を除く）

● 市町村立学校の設置や管理を行う権限は誰にありますか？
　その市町村の（　①　）です。（地方教育行政法21条）

● 学校管理規則とは、誰が何を定めた規則ですか？
　教育委員会が、その所管する学校の（　②　）や（　③　）など、管理運営の基本的事項について定めた規則です。（地方教育行政法33条）

● 通常であれば、市町村立学校の教職員の人事権は、市町村の教育委員会にあるはずですが、それでいいですか？
　いえ、地方教育行政法37条により、政令市を除く市町村立学校の県費負担教職員の人事権（任命権）は、市町村教委ではなく、（　④　）の教育委員会にあります。

● 県費負担教職員とはどのような教職員のことですか？
　市町村立学校の職員でありながら、都道府県が（　⑤　）を負担している教職員のことです。

● なぜそのような制度になっているのですか？
　同一県内で教職員の給与等の処遇に（　⑥　）が生じないようにし、特定の市町村で教職員が足りなくなるといった（　⑦　）を防ぐためです。

● 県費負担教職員の勤務条件を定めるのは、どこの条例ですか？
　上記の趣旨から、（　⑧　）の条例です。（地方教育行政法42条）

● それは何という条例に定められていますか？

「学校職員の勤務時間、休暇等に関する条例」、いわゆる（　⑨　）です（条例の名称は自治体によって異なる）。

●県費負担教職員の任免・分限・懲戒を定めるのは、どこの条例ですか？

　これも上記の趣旨から、（　⑩　）の条例です。（地方教育行政法43条３項）

●市町村の教育委員会は、県費負担教職員に対して何を行うのですか？

　県費負担教職員の（　⑪　）を監督し（地方教育行政法43条１項）、都道府県教委の計画のもとに（　⑫　）を行います（44条）。研修は都道府県教委※が行うものとされますが、市町村の教育委員会も行うことができます（45条）。

※中核市では中核市教委が行う

教員の研修

●教育公務員に求められる主体的な研修の姿勢は、法令にどのように規定されていますか？

　教育公務員特例法21条に「教育公務員は、その職責を遂行するために、絶えず（　⑬　）に努めなければならない」とされています。（　⑭　）９条にも同趣旨の規定があります。

●いわゆる承認研修や職専免研修は、法令にどのように規定されていて、その承認は誰が行いますか？

　教育公務員特例法22条２項に「教員は、授業に支障のない限り、本属長の承認を受けて、勤務場所を離れて研修を行うことができる」とされ、その承認は本属長である（　⑮　）が行います。

●教員育成指標とは、誰が何について定めた指標ですか？

　任命権者が、校長および教員の向上を図るべき（　⑯　）に関して定めた指標です。（教育公務員特例法22条の３）

●教員研修計画とは、誰が何について定める計画ですか？

　任命権者が、（　⑰　）をふまえて、校長および教員の研修を実施するために、毎年度定める計画です。（教育公務員特例法22条の４）

●県費負担教職員の教員育成指標や教員研修計画※は、誰が定めますか？

　任命権者であり、研修実施者である（　⑱　）の教育委員会です。

※同上

●法律に定められた教育公務員の研修にはどのようなものがありますか？

　（　⑲　）研修（教育公務員特例法23条）と、（　⑳　）研修（24条）があります。そのほか、指導改善研修（25条）もあります。

```
┌─────────────────────────────────────────────────┐
│          「教育委員会の権限と研修」解答              │
│                                                   │
│  ①教育委員会    ②組織編制    ③教育課程           │
│  ④都道府県    ⑤給与    ⑥差    ⑦偏り    ⑧都道府県  │
│  ⑨勤務時間条例    ⑩都道府県                       │
│  ⑪服務    ⑫人事評価                              │
│  ⑬研究と修養    ⑭教育基本法    ⑮校長             │
│  ⑯資質    ⑰教員育成指標    ⑱都道府県             │
│  ⑲初任者    ⑳中堅教諭等資質向上                   │
└─────────────────────────────────────────────────┘
```

《参考条文》

● **学校等の管理**（地方教育行政の組織及び運営に関する法律33条）

　教育委員会は、法令又は条例に違反しない限りにおいて、その所管に属する学校その他の教育機関の施設、設備、組織編制、教育課程、教材の取扱いその他の管理運営の基本的事項について、必要な教育委員会規則を定めるものとする。(以下略)

　※2～3項略（以下、地方教育行政法と表記）

● **任命権者と県費負担教職員**（地方教育行政法37条）

　市町村立学校職員給与負担法……第1条及び第2条に規定する職員（以下「県費負担教職員」という。）の任命権は、都道府県委員会に属する。

● **県費負担教職員の給与、勤務時間その他の勤務条件**（地方教育行政法42条）

　県費負担教職員の給与、勤務時間その他の勤務条件については、地方公務員法第24条第5項の規定により条例で定めるものとされている事項は、都道府県の条例で定める。

● **県費負担教職員の服務の監督**（地方教育行政法43条）

　市町村委員会は、県費負担教職員の服務を監督する。

　※2項略

　3　県費負担教職員の任免、分限又は懲戒に関して、地方公務員法の規定により条例で定めるものとされている事項は、都道府県の条例で定める。

　※4項略

●県費負担教職員の人事評価（地方教育行政法44条）

　県費負担教職員の人事評価は、地方公務員法第23条の2第1項の規定にかかわらず、都道府県委員会の計画の下に、市町村委員会が行うものとする。

●研修（教育公務員特例法21条）

　教育公務員は、その職責を遂行するために、絶えず研究と修養に努めなければならない。

　※2項略

●研修の機会（教育公務員特例法22条）

　教育公務員には、研修を受ける機会が与えられなければならない。

　2　教員は、授業に支障のない限り、本属長の承認を受けて、勤務場所を離れて研修を行うことができる。

　※3項略

●校長及び教員としての資質の向上に関する指標（教育公務員特例法22条の3）

　公立の小学校等の校長及び教員の任命権者は、指針を参酌し、その地域の実情に応じ、当該校長及び教員の職責、経験及び適性に応じて向上を図るべき校長及び教員としての資質に関する指標（以下……「指標」という。）を定めるものとする。

　※2～4項略

●教員研修計画（教育公務員特例法22条の4）

　公立の小学校等の校長及び教員の研修実施者は、指標を踏まえ、当該校長及び教員の研修について、毎年度、体系的かつ効果的に実施するための計画（以下……「教員研修計画」という。）を定めるものとする。

　※2～3項略

⑤　学級編制と学校の管理運営

　学級編制の仕組みは、編制された学級の数によって必要な教職員数が変わり、それに応じて負担する給与の額も変わるため、負担者である国や都道府県が標準や基準を定めていると考えると理解しやすいでしょう。

　学校の管理運営については、学校教育法施行規則の規定を中心に、管理職が押さえておきたい事項を取り上げています。

学級編制

- ●政令市を除く市町村立学校の学級編制は、どのような基準をもとに行われますか？

　（　①　）教委の規則で定める数が、学級編制の基準となります。

- ●なぜ市町村ではなく、都道府県教委が基準を定めるのですか？

　編制された（　②　）に応じて、都道府県教委が教職員を配置するからです。

- ●その基準は、都道府県教委が独自に定めるのですか？

　国の掲げる数が標準となりますが、その標準を（　③　）数を基準とすることもできます。

- ●国の掲げる標準は、何という法律に定められていますか？

　義務標準法（公立義務教育諸学校の（　④　）及び（　⑤　）の標準に関する法律）です。

- ●令和3年にその法律が改正され、学級編制の標準はどうなりましたか？

　小学校の学級編制の標準が段階的に引き下げられ、令和5年度は4年生、令和6年度は5年生、令和7年度には全学年が1クラス（　⑥　）人となります。

　なお、中学校は1クラス40人で変わりません。

- ●特別支援学級の編制の標準は、1クラス何人ですか？

　国の標準は（　⑦　）人です。（都道府県により基準が7人のところもある）

学校の管理運営

●学校に備えなければならない表簿のうち、校長が作成しなければならない
　ものは何ですか？

　その学校に在学する児童生徒の、（ ⑧ ）と（ ⑨ ）です。

●それはどの法令に規定されていますか？

　（ ⑩ ）の24条と25条です。

●それらの表簿の保存期間を教えてください。

　表簿の保存期間は通常（ ⑪ ）年間ですが、指導要録のうち入学・卒業等
の（ ⑫ ）に関する記録は20年間となります。（学校教育法施行規則28条2項）

●その他に、学校教育法施行規則により校長が作成しなければならないとさ
　れるものは何ですか？

　特別支援学級や通級指導を受けている児童生徒についての、（ ⑬ ）です。
（学校教育法施行規則139条の2、141条の2）

●授業の終始の時刻は誰が定めますか？

　その学校の（ ⑭ ）が定めます。（学校教育法施行規則60条）

●休業日とはどのような日のことですか？

　（ ⑮ ）を行わない日のことです。（学校教育法施行規則4条一号）

●休業日の例をあげてください。

　祝日、土曜日、日曜日のほか、（ ⑯ ）が定める夏季や冬季等の休業日です。
（学校教育法施行規則61条）

●土曜日に授業はできますか？

　教育委員会が必要と認め（ ⑰ ）等に規定がある場合には、その規定によ
り実施することができます。（学校教育法施行規則61条ただし書）

●土曜日に勤務した教職員への、健康管理上の留意事項は何ですか？

　勤務時間規則等に基づき、所定の期間内に、週休日の（ ⑱ ）や勤務時間
の（ ⑲ ）を行うことです。

●祝日に授業はできますか？

　給特法（公立の義務教育諸学校等の教育職員の（ ⑳ ）等に関する特別措
置法）6条3項一号および条例により、祝日に教職員に勤務を命じることが
できるのは時間外勤務と同じく「臨時又は緊急の（ ㉑ ）があるとき」に限
られるため、授業を実施することは適切とは言えません。

「学級編制と学校の管理運営」解答

①都道府県　　②学級数　　③下回る

④学級編制　　⑤教職員定数　　⑥35　　⑦8

⑧指導要録　　⑨出席簿　　⑩学校教育法施行規則

⑪5　　⑫学籍　　⑬個別の教育支援計画

⑭校長　　⑮授業　　⑯教育委員会

⑰学校管理規則　　⑱振替え　　⑲割り振り変更

⑳給与　　㉑やむを得ない必要

《参考条文》

●学級編制の標準（公立義務教育諸学校の学級編制及び教職員定数の標準に関する法律3条）

　公立の義務教育諸学校の学級は、同学年の児童又は生徒で編制するものとする。ただし、当該義務教育諸学校の児童又は生徒の数が著しく少いかその他特別の事情がある場合においては、政令で定めるところにより、数学年の児童又は生徒を一学級に編制することができる。

　※2項で一学級あたりの児童生徒数の標準を規定。3項略

●指導要録（学校教育法施行規則24条）

　校長は、その学校に在学する児童等の指導要録（……児童等の学習及び健康の状況を記録した書類の原本をいう。以下同じ。）を作成しなければならない。

　※2～3項略

●出席簿（学校教育法施行規則25条）

　校長……は、当該学校に在学する児童等について出席簿を作成しなければならない。

●指導要録や出席簿等の学校備付表簿の保存期間（学校教育法施行規則28条）

2　前項の表簿……は、別に定めるもののほか、５年間保存しなければならない。ただし、指導要録及びその写しのうち入学、卒業等の学籍に関する記録については、その保存期間は、20年間とする。

※１項と３項略

● **個別の教育支援計画**（学校教育法施行規則134条の２）

校長は、特別支援学校に在学する児童等について個別の教育支援計画（学校と医療、保健、福祉、労働等に関する業務を行う関係機関及び民間団体……との連携の下に行う当該児童等に対する長期的な支援に関する計画をいう。）を作成しなければならない。

※139条の２……小学校、中学校等における特別支援学級の児童生徒について、上記規定を準用する旨を定める

※141条の２……小学校、中学校、高等学校等で通級による指導を受ける児童生徒について、上記規定を準用する旨を定める

● **授業終始時刻の決定**（学校教育法施行規則60条）

授業終始の時刻は、校長が定める。

● **休業日**（学校教育法施行規則４条）

前条の学則中には、少くとも、次の事項を記載しなければならない。

一　修業年限、学年、学期及び授業を行わない日（以下「休業日」という。）に関する事項（二～九号略）

※２～３項略

● **休業日**（学校教育法施行規則61条）

公立小学校における休業日は、次のとおりとする。ただし、第三号に掲げる日を除き、当該学校を設置する地方公共団体の教育委員会……が必要と認める場合は、この限りでない。

一　国民の祝日に関する法律……に規定する日

二　日曜日及び土曜日

三　学校教育法施行令第29条第１項の規定により教育委員会が定める日

5章

頻出［法規問題］への対策

⑥　教育課程と特別支援教育

　教育課程の法的な仕組みについては、学校教育法、学校教育法施行規則、学習指導要領の３段階を押さえておくとよいでしょう。

　小・中・高校等における特別支援教育については、特別支援学級と通級による指導において、**特別の教育課程**によることが認められています。

　校長は、特別支援教育の対象となる児童生徒について、個別の教育支援計画を作成しなければならない点も、押さえておきましょう。

教育課程（小学校の規定を中学・高校等に準用）

●法律に、教育課程に関する事項は、誰が定めるとされていますか？

　（　①　）33条に、教育課程に関する事項は、29条および30条の規定に従い、文部科学大臣が定めると規定されています。

●29条と30条には、何が規定されていますか？

　小学校の目的（29条）と教育目標（30条１項）、そしていわゆる（　②　）の３要素（30条２項）が規定されています。

●学力の３要素とは何ですか？

　基礎的な（　③　）、課題解決に必要な（　④　）等、主体的に学習に取り組む（　⑤　）、の３要素です。

●この場合の「文部科学大臣が定める」とは、どういうことですか？

　文部科学大臣が定める省令である（　⑥　）により、教育課程の編成、授業時数の標準、教育課程の基準である（　⑦　）について定められているということです。

●なぜそのようなつくりになっているのですか？

　法律の改正をしなくても、学習指導要領の改訂に伴う道徳の教科化や（　⑧　）の増減等、教育課程に関する変更を柔軟に行えるようにするためです。

特別支援教育における特別の教育課程

● 小・中・高校等で行われる特別支援教育は、法律にどのように規定されていますか？

　学校教育法81条１項に、教育上特別の（ ⑨ ）を必要とする児童生徒等に対し、文部科学大臣の定めるところにより、障害による学習上または生活上の（ ⑩ ）を克服するための教育を行うものとする、と規定されています。

● 同法81条２項には何が規定されていますか？

　小・中・高校等に、特別支援教育の対象となる障害のある児童生徒のために、（ ⑪ ）を置くことができることが規定されています。

● 特別支援学級の教育課程は、法令にどのように規定されていますか？

　学校教育法施行規則138条により、特別支援学級の教育課程は、特に必要がある場合は、通常学級における教育課程の規定にかかわらず、（ ⑫ ）によることができる、と規定されています。

● 通級による指導（通級指導）とは、どのような指導形態のことですか？

　通常学級に在籍している教育上特別の支援を必要とする児童生徒に対して、通常学級で各教科等の指導を行いながら、障害に応じた特別の指導を（ ⑬ ）等の特別な場で行う指導形態です。

● 通級による指導の教育課程は、法令にどのように規定されていますか？

　学校教育法施行規則140条により、（ ⑭ ）に応じた特別の指導を行う必要があるものを教育する場合には、文部科学大臣が別に定めるところにより、特別の教育課程によることができる、と規定されています。

● この場合の「文部科学大臣が別に定めるところ」とは何のことですか？

　平成５年の文部省告示第７号（学校教育法施行規則第140条の規定による特別の教育課程について定める件）のことで、障害に応じた通級指導の目的や（ ⑮ ）の標準等が定められています。

● 特別支援学級の児童生徒や、通級指導を受けている児童生徒について、校長が作成しなければならないものは何ですか？

　（ ⑯ ）です（学校教育法施行規則134条の２を準用）。

● 個別の教育支援計画とはどのような計画のことですか？

　学校と医療、保健、福祉、労働等に関する関係機関等との連携の下に行う当該児童生徒に対する（ ⑰ ）に関する計画のことです。

「教育課程と特別支援教育」解答

①学校教育法　　②学力

③知識及び技能　　④思考力・判断力・表現力　　⑤態度

⑥学校教育法施行規則　　⑦学習指導要領　　⑧授業時数

⑨支援　　⑩困難　　⑪特別支援学級　　⑫特別の教育課程

⑬通級指導教室　　⑭障害

⑮授業時数　　⑯個別の教育支援計画　　⑰長期的な支援

《参考条文》

●学力の3要素（学校教育法30条2項）

※1項は小学校の教育目標を規定している

2　前項の場合においては、生涯にわたり学習する基盤が培われるよう、基礎的な知識及び技能を習得させるとともに、これらを活用して課題を解決するために必要な思考力、判断力、表現力その他の能力をはぐくみ、主体的に学習に取り組む態度を養うことに、特に意を用いなければならない。

●教育課程（学校教育法33条）

小学校の教育課程に関する事項は、第29条及び第30条の規定に従い、文部科学大臣が定める。

●教育課程の編成（学校教育法施行規則50条）

小学校の教育課程は、国語、社会、算数、理科、生活、音楽、図画工作、家庭、体育及び外国語の各教科……、特別の教科である道徳、外国語活動、総合的な学習の時間並びに特別活動によつて編成するものとする。

※2項略

●教育課程の総授業時数（学校教育法施行規則51条）

小学校……の各学年における各教科、特別の教科である道徳、外国語活動、総合的な学習の時間及び特別活動のそれぞれの授業時数並びに各学年におけるこれらの総授業時数は、別表第一に定める授業時数を標準とする。

●**教育課程の基準**（学校教育法施行規則52条）

　小学校の教育課程については、この節に定めるもののほか、教育課程の基準として文部科学大臣が別に公示する小学校学習指導要領によるものとする。

●**小・中・高校等における特別支援教育と特別支援学級**（学校教育法81条）

　幼稚園、小学校、中学校、義務教育学校、高等学校及び中等教育学校においては、次項各号のいずれかに該当する幼児、児童及び生徒その他教育上特別の支援を必要とする幼児、児童及び生徒に対し、文部科学大臣の定めるところにより、障害による学習上又は生活上の困難を克服するための教育を行うものとする。

　2　小学校、中学校、義務教育学校、高等学校及び中等教育学校には、次の各号のいずれかに該当する児童及び生徒のために、特別支援学級を置くことができる。

　（以下一～六号で、知的障害者、肢体不自由者、身体虚弱者、弱視者、難聴者などを規定）

　※3項略

●**特別支援学級の教育課程の特例**（学校教育法施行規則138条）

　小学校、中学校若しくは義務教育学校又は中等教育学校の前期課程における特別支援学級に係る教育課程については、特に必要がある場合は、第50第1項、第51条、第52条……の規定にかかわらず、特別の教育課程によることができる。

●**通級指導の教育課程の特例とその対象**（学校教育法施行規則140条）

　小学校、中学校、義務教育学校、高等学校又は中等教育学校において、次の各号のいずれかに該当する児童又は生徒……のうち当該障害に応じた特別の指導を行う必要があるものを教育する場合には、文部科学大臣が別に定めるところにより、第50条第1項、第51条、第52条……の規定にかかわらず、特別の教育課程によることができる。

　（以下一～八号で、言語障害者、自閉症者、情緒障害者、弱視者、難聴者、学習障害者、注意欠陥多動性障害者などを規定）

⑦　児童生徒への懲戒、いじめ防止

　児童生徒への懲戒は、体罰が禁止されていることに注意しましょう。

　いじめ防止については、重大事態の定義を認識するだけでなく、きちんと認定して対処することが重要となります。

児童生徒への懲戒と出席停止

- ●児童生徒に対する懲戒については、何という法律に規定されていますか？

　（　①　）11条です。

- ●児童生徒に懲戒を加えることができるのは、誰ですか？

　（　②　）および（　③　）です。

- ●どのようなときに、児童生徒に懲戒を加えることができますか？

　教育上（　④　）があると認めるときです。

- ●懲戒を加えるにあたり、禁止されていることは何ですか？

　（　⑤　）です。同条のただし書きで「ただし、（　⑤　）を加えることはできない」とされています。

- ●懲戒を加えるにあたり、どのような配慮をしなければいけませんか？

　学校教育法施行規則26条で、児童等の心身の発達に応ずるなど教育上必要な（　⑥　）をしなければならないとされています。

- ●学校教育法35条に規定される出席停止は、どのような児童生徒に対して行われますか？

　（　⑦　）であって、他の児童生徒の教育に（　⑧　）があると認める、公立小中学校の児童生徒に対してです。

- ●その出席停止は、誰が誰に対して命じることができますか？

　市町村の教育委員会が、その児童生徒の（　⑨　）に対して命ずることができます。※ただし、2020年度、2021年度ともに4件とあまり運用されていない

生徒指導といじめ防止

●学校が生徒指導を行う法的な根拠はありますか？

　学校が生徒指導をしなければならないという法令の規定はありませんが、学習指導要領の総則には、「児童（生徒）理解を深め、学習指導と（⑩）ながら、生徒指導の充実を図ること」とされています。

●学校の生徒指導の拠り所とされているものは何ですか？

　文部科学省が、生徒指導に関する学校・教職員向けの基本書として作成した「（⑪）」です（2022年12月に改訂）。

●学校のいじめの防止等に関する措置等を定めた法律は何ですか？

　（⑫）です。

●いじめとは、どのような行為によって、何を感じているものとされていますか？

　心理的または物理的な影響を与える行為によって、いじめの対象となった児童生徒が（⑬）を感じているもの（2条）、とされています。

●学校の設置者および学校は、いじめを早期発見するためにどのような措置を講ずるとされていますか？

　（⑭）的な調査（いじめアンケートなど）等の措置です（16条）。

●学校は、いじめ防止のために何を定め、どのような組織を置くとされていますか？

　（⑮）を定め（13条）、学校におけるいじめの防止等の対策のための組織（学校いじめ対策組織、学校いじめ防止対策委員会など）を置く（22条）とされています。

●学校が取るべきいじめに対する措置にはどのようなものがありますか？

　通報を受けた際のいじめの（⑯）と設置者への報告（23条二号）、いじめの阻止と再発防止のための指導等（三号）、いじめが（⑰）行為である場合の警察署との連携・通報（六号）などです。

●いじめの重大事態とはどのようなときですか？

　いじめにより「児童等の生命、心身又は財産に（⑱）が生じた疑いがあると認めるとき」（28条一号）と、「児童等が相当の期間学校を欠席することを余儀なくされている疑いがあると認めるとき」（二号）です。一号事案が発覚した場合は、ただちに（⑲）に通報する必要があります。

5章

頻出「法規問題」への対策

「児童生徒への懲戒、いじめ防止」解答

①学校教育法　　②校長　　③教員　　④必要

⑤体罰　　⑥配慮

⑦性行不良　　⑧妨げ　　⑨保護者

⑩関連付け　　⑪生徒指導提要

⑫いじめ防止対策推進　　⑬心身の苦痛　　⑭定期

⑮学校いじめ防止基本方針　　⑯事実確認　　⑰犯罪

⑱重大な被害　　⑲警察

《参考条文》

●懲戒と体罰の禁止（学校教育法11条）

　校長及び教員は、教育上必要があると認めるときは、文部科学大臣の定めるところにより、児童、生徒及び学生に懲戒を加えることができる。ただし、体罰を加えることはできない。

●懲戒を加える際の配慮（学校教育法施行規則26条）

　校長及び教員が児童等に懲戒を加えるに当つては、児童等の心身の発達に応ずる等教育上必要な配慮をしなければならない。

　※2〜5項略

●いじめの定義（いじめ防止対策推進法2条）

　この法律において「いじめ」とは、児童等に対して、当該児童等が在籍する学校に在籍している等当該児童等と一定の人的関係にある他の児童等が行う心理的又は物理的な影響を与える行為（インターネットを通じて行われるものを含む。）であって、当該行為の対象となった児童等が心身の苦痛を感じているものをいう。

●学校いじめ防止基本方針（いじめ防止対策推進法13条）

　学校は、いじめ防止基本方針又は地方いじめ防止基本方針を参酌し、その学校の実情に応じ、当該学校におけるいじめの防止等のための対策に関する

基本的な方針を定めるものとする。

● **いじめの早期発見のための措置**（いじめ防止対策推進法16条）
　学校の設置者及びその設置する学校は、当該学校におけるいじめを早期に発見するため、当該学校に在籍する児童等に対する定期的な調査その他の必要な措置を講ずるものとする。
　※2～4項略

● **学校おけるいじめの防止等の対策のための組織**（いじめ防止対策推進法22条）
　学校は、当該学校におけるいじめの防止等に関する措置を実効的に行うため、当該学校の複数の教職員、心理、福祉等に関する専門的な知識を有する者その他の関係者により構成されるいじめの防止等の対策のための組織を置くものとする。

● **いじめに対する措置**（いじめ防止対策推進法23条）
　2　学校は、前項の規定による通報を受けたときその他当該学校に在籍する児童等がいじめを受けていると思われるときは、速やかに、当該児童等に係るいじめの事実の有無の確認を行うための措置を講ずるとともに、その結果を当該学校の設置者に報告するものとする。
　※1項および3～6項は紙幅の都合で割愛。重要なので要確認

● **いじめの重大事態への対処**（いじめ防止対策推進法28条）
　学校の設置者又はその設置する学校は、次に掲げる場合には、その事態（以下「重大事態」という。）に対処し、及び当該重大事態と同種の事態の発生の防止に資するため、速やかに、当該学校の設置者又はその設置する学校の下に組織を設け、質問票の使用その他の適切な方法により当該重大事態に係る事実関係を明確にするための調査を行うものとする。
　一　いじめにより当該学校に在籍する児童等の生命、心身又は財産に重大な被害が生じた疑いがあると認めるとき。
　二　いじめにより当該学校に在籍する児童等が相当の期間学校を欠席することを余儀なくされている疑いがあると認めるとき。

⑧　学校の保健・安全

　学校の保健・安全については、主に学校保健安全法（および同法施行令・施行規則）に規定されています。本法は、学校保健と学校安全に分かれており、比較的理解しやすいつくりとなっています。

　なお、学校保健のうち感染症予防については、次項⑨で取り扱います。

学校保健

- 学校の保健および安全に関する事項を定めた法律の名称は何ですか？

　（　①　）です。

- 学校における保健に関する事項について、学校が策定し実施しなければならない計画を何といいますか？

　（　②　）計画（5条）です。

- 学校保健計画にはどのような事項を記載する必要がありますか？

　児童生徒等および職員の（　③　）、環境衛生検査、児童生徒等に対する指導、その他保健に関する事項です。

- 校長は、学校の環境衛生に関して、何を基準として改善や報告を行うことが求められますか？

　（　④　）基準（文部科学省告示）です（6条3項）。※実際の検査等を行う際は、「学校環境衛生管理マニュアル［平成30年度改訂版］」（文部科学省）も参照

- 児童生徒等の定期の健康診断は、どのように規定されていますか？

　学校においては、毎学年（　⑤　）に、児童生徒等の健康診断を行わなければならないとされています（13条）。

- その健康診断は、いつまでに行う必要がありますか？

　原則として、（　⑥　）までに行う必要があります（学校保健安全法施行規

則5条1項)。

学校安全

●学校における安全に関する事項について、学校が策定し実施しなければならない計画を何といいますか?

（⑦）計画（27条）です。

●学校安全計画にはどのような事項を記載する必要がありますか?

学校の施設設備の（⑧）、児童生徒等に対する安全に関する指導、職員の研修、その他学校における安全に関する事項です。

●校長は、学校の施設設備について、安全確保上の支障があった場合に、何をしなければいけませんか?

遅滞なく（⑨）を講じ、それができないときは市町村の教育委員会（設置者）に申し出る必要があります（28条）。※市町村立学校の場合

●学校で作成しなければならない、児童生徒等の安全の確保を図るための対処要領を何といいますか?

（⑩）対処要領（29条1項）、いわゆる危機管理マニュアルです。

●危険等発生時対処要領には、どのような内容を定める必要がありますか?

学校の実情に応じた、危険等の発生時において職員がとるべき措置の（⑪）および（⑫）です。

●校長は、危険等発生時対処要領に関してどのような措置を講じる必要がありますか?

職員に対する周知や（⑬）の実施など、危険等の発生時において職員が適切に対処するために必要な措置です（29条2項）。

●学校は、事故等により児童生徒等に危害が生じた場合、どのような支援を行う必要がありますか?

（⑭）などを受けた児童生徒等の関係者の心身の健康を回復させるために必要な支援です。この支援を行うにあたり、地域の（⑮）などとの連携を図るよう努める必要があります（29条3項）。

●学校保健安全法3条2項に基づき国が策定する、令和4年度から8年度までの学校安全に関する計画のことを何といいますか?

第3次（⑯）に関する計画です。

「学校の保健・安全」解答

①学校保健安全法　　②学校保健　　③健康診断

④学校環境衛生　　⑤定期　　⑥6月30日

⑦学校安全　　⑧安全点検　　⑨改善措置

⑩危険等発生時　　⑪具体的内容　　⑫手順　　⑬訓練

⑭心理的外傷　　⑮医療機関　　⑯学校安全の推進

《参考条文》

●学校保健計画の策定等（学校保健安全法5条）

　学校においては、児童生徒等及び職員の心身の健康の保持増進を図るため、児童生徒等及び職員の健康診断、環境衛生検査、児童生徒等に対する指導その他保健に関する事項について計画を策定し、これを実施しなければならない。

●学校環境衛生基準（学校保健安全法6条）

　※1～2項略

　3　校長は、学校環境衛生基準に照らし、学校の環境衛生に関し適正を欠く事項があると認めた場合には、遅滞なく、その改善のために必要な措置を講じ、又は当該措置を講ずることができないときは、当該学校の設置者に対し、その旨を申し出るものとする。

●児童生徒等の健康診断（学校保健安全法13条）

　学校においては、毎学年定期に、児童生徒等（通信による教育を受ける学生を除く。）の健康診断を行わなければならない。

　2　学校においては、必要があるときは、臨時に、児童生徒等の健康診断を行うものとする。

●健康診断の時期（学校保健安全法施行規則5条）

　法第13条第1項の健康診断は、毎学年、6月30日までに行うものとする。

ただし、疾病その他やむを得ない事由によつて当該期日に健康診断を受けることのできなかつた者に対しては、その事由のなくなつた後すみやかに健康診断を行うものとする。

※2項略

●**学校安全計画の策定等**（学校保健安全法27条）

学校においては、児童生徒等の安全の確保を図るため、当該学校の施設及び設備の安全点検、児童生徒等に対する通学を含めた学校生活その他の日常生活における安全に関する指導、職員の研修その他学校における安全に関する事項について計画を策定し、これを実施しなければならない。

●**学校環境の安全の確保**（学校保健安全法28条）

校長は、当該学校の施設又は設備について、児童生徒等の安全の確保を図る上で支障となる事項があると認めた場合には、遅滞なく、その改善を図るために必要な措置を講じ、又は当該措置を講ずることができないときは、当該学校の設置者に対し、その旨を申し出るものとする。

●**危険等発生時対処要領の作成等**（学校保健安全法29条）

学校においては、児童生徒等の安全の確保を図るため、当該学校の実情に応じて、危険等発生時において当該学校の職員がとるべき措置の具体的内容及び手順を定めた対処要領（次項において「危険等発生時対処要領」という。）を作成するものとする。

2　校長は、危険等発生時対処要領の職員に対する周知、訓練の実施その他の危険等発生時において職員が適切に対処するために必要な措置を講ずるものとする。

3　学校においては、事故等により児童生徒等に危害が生じた場合において、当該児童生徒等及び当該事故等により心理的外傷その他の心身の健康に対する影響を受けた児童生徒等その他の関係者の心身の健康を回復させるため、これらの者に対して必要な支援を行うものとする。この場合においては、第10条の規定を準用する。

※10条では地域の医療機関等との連携について規定

⑨　感染症の予防

　感染症予防についても、学校保健安全法（および同法施行令・施行規則）に規定されています。なお、感染症予防のための出席停止は校長の権限、臨時休業は教育委員会（設置者）の権限となっています。

　新型コロナウイルス感染症への対応など、実務に直結する内容といえます。

感染症予防の出席停止と校長に求められる対応・措置

● 感染症予防のための出席停止は、法律にどのように規定されていますか？

　学校保健安全法19条に、「校長は、感染症にかかつており、かかつている疑いがあり、又はかかるおそれのある児童生徒等があるときは、政令で定めるところにより、（　①　）させることができる」と規定されています。

● その出席停止の指示について、政令はどのように定めていますか？

　学校保健安全法施行令6条により、校長は、出席停止の（　②　）および期間を明らかにして、義務教育段階の児童生徒の場合は（本人ではなく）その（　③　）に指示しなければならないとされています。

● その出席停止を指示したとき、校長はどこに報告する必要がありますか？

　市町村の（　④　）（設置者）です。※市町村立学校の場合

● 学校において予防すべき感染症の種類と、出席停止の期間の基準は、何という法令に定められていますか？

　（　⑤　）（18条・19条）です。

● 新型コロナウイルス感染症は、第何種の扱いとなり、出席停止の期間はどれくらいですか？

　2023年5月の改正により、第二種の感染症となり、出席停止の期間は「発症した後5日を経過し、かつ、症状が軽快した後1日を経過するまで」となりました。

●校長は、学校内に、感染症にかかっているか、かかっている疑いがある児童生徒等を発見した場合、どのように対応する必要があるとされていますか？

　学校保健安全法施行規則21条１項に、「必要と認めるときは、学校医に診断させ、……（　⑥　）の指示をするほか、消毒その他適当な処置をするものとする」と規定されています。

●校長は、学校内に、感染症の病毒に汚染した物件、または汚染した疑いがある物件があるときは、どのような処置をする必要があるとされていますか？

　学校保健安全法施行規則21条２項に、「（　⑦　）その他適当な処置をするものとする」とされています。

感染症予防の臨時休業

●いわゆる学級閉鎖や学校閉鎖については、法律にどのように規定されていますか？

　学校保健安全法20条に、臨時休業として「学校の設置者は、感染症の予防上必要があるときは、臨時に、学校の（　⑧　）又は（　⑨　）の休業を行うことができる」とされています。

●設置者が臨時休業を行うかの判断は、通常どのように行われますか？

　通常は、保健所の調査や（　⑩　）の助言等をふまえて、設置者が判断します。

●文部科学省が作成し2023年５月に改訂された、学校における新型コロナの感染予防対策をまとめたマニュアルを何といいますか。

　「学校における新型コロナウイルス感染症に関する衛生管理マニュアル～『学校の新しい生活様式』～」です。

●そのマニュアルでは、平時から求められる感染症対策として、どのような周知や呼び掛けが必要としていますか？

　学校内での感染拡大を防止するためには、発熱や喉の痛み、咳等の普段と異なる症状がある場合に、児童生徒も教職員も無理をせずに自宅で（　⑪　）することが重要であり、そのことについて（　⑫　）に対し周知や呼び掛けを行い、理解と協力を得ることが不可欠としています。

5章

頻出［法規問題］への対策

「感染症の予防」解答

①出席を停止　　②理由　　③保護者
④教育委員会　　⑤学校保健安全法施行規則
⑥出席停止　　⑦消毒
⑧全部　　⑨一部　　⑩学校医
⑪休養　⑫保護者

《参考条文》

● **感染症予防の出席停止**（学校保健安全法19条）

　校長は、感染症にかかつており、かかつている疑いがあり、又はかかるおそれのある児童生徒等があるときは、政令で定めるところにより、出席を停止させることができる。

● **感染症予防の出席停止の指示**（学校保健安全法施行令6条）

　校長は、法第19条の規定により出席を停止させようとするときは、その理由及び期間を明らかにして、幼児、児童又は生徒（高等学校……の生徒を除く。）にあつてはその保護者に、高等学校の生徒又は学生にあつては当該生徒又は学生にこれを指示しなければならない。

　2　出席停止の期間は、感染症の種類等に応じて、文部科学省令で定める基準による。

● **感染症の種類**（学校保健安全法施行規則18条）

　学校において予防すべき感染症の種類は、次のとおりとする。

　一　第一種　エボラ出血熱、（略）
　二　第二種　インフルエンザ（特定鳥インフルエンザを除く。）、百日咳せき、麻しん、流行性耳下腺炎、風しん、水痘、咽頭結膜熱、新型コロナウイルス感染症……、結核及び髄膜炎菌性髄膜炎
　三　第三種　コレラ、細菌性赤痢、（略）
　2　感染症の予防及び感染症の患者に対する医療に関する法律……に規定

する新型インフルエンザ等感染症、指定感染症及び新感染症は、前項の規定にかかわらず、第一種の感染症とみなす。

● **感染症予防の出席停止の期間の基準**（学校保健安全法施行規則19条）

　令第6条第2項の出席停止の期間の基準は、前条の感染症の種類に従い、次のとおりとする。

　　一　第一種の感染症にかかつた者については、治癒するまで。

　　二　第二種の感染症（結核及び髄膜炎菌性髄膜炎を除く。）にかかつた者については、次の期間。ただし、病状により学校医その他の医師において感染のおそれがないと認めたときは、この限りでない。

　　　イ　インフルエンザ（特定鳥インフルエンザ及び新型インフルエンザ等感染症を除く。）にあつては、発症した後5日を経過し、かつ、解熱した後2日（幼児にあつては、3日）を経過するまで。

　　　（ロ〜ト略）

　　　チ　新型コロナウイルス感染症にあつては、発症した後五日を経過し、かつ、症状が軽快した後一日を経過するまで。

　　※三〜六号略

● **感染症の予防に関する細目**（学校保健安全法施行規則21条）

　校長は、学校内において、感染症にかかつており、又はかかつている疑いがある児童生徒等を発見した場合において、必要と認めるときは、学校医に診断させ、法第19条の規定による出席停止の指示をするほか、消毒その他適当な処置をするものとする。

　2　校長は、学校内に、感染症の病毒に汚染し、又は汚染した疑いがある物件があるときは、消毒その他適当な処置をするものとする。

　3　学校においては、その附近において、第一種又は第二種の感染症が発生したときは、その状況により適当な清潔方法を行うものとする。

● **感染症予防の臨時休業**（学校保健安全法20条）

　学校の設置者は、感染症の予防上必要があるときは、臨時に、学校の全部又は一部の休業を行うことができる。

5章
頻出［法規問題］への対策

⑩　勤務時間と長時間労働の管理

　勤務時間については、まず正規の勤務時間の割振りを押さえましょう。週休日と休日は名前が似ているので、違いを整理しておくとよいです。

　教員の長時間労働については、これまで教員が自らの判断で自発的に時間外勤務しているとされていた時間も、「在校等時間」としてその管理が求められるようになっています。

勤務時間の割振り

● 教職員の正規の勤務時間は、1週間に何時間何分ですか？

　勤務時間条例により（　①　）時間（　②　）分とされています。

● 勤務時間の割振りとは、何を行うことですか？

　教職員の(1)勤務日（月～金の5日）と週休日（土・日）を特定し、(2)勤務日の（　③　）数（38時間45分÷5日＝7時間45分）と(3)勤務終始時刻を決め、(4)休憩時間（45分）の配置を行うことです。※カッコ内は通常の教職員の場合

● 市町村立学校の教職員の勤務時間の割振りは、誰が行いますか？

　市町村の（　④　）に権限があり、教育委員会規則や規程の定めにより、（　⑤　）が行います。※校長が割り振る(1)～(4)の範囲は自治体により異なる

● 週休日と休日の違いを教えてください。

　ともに勤務を要しない日ですが、週休日（土・日）は、正規の勤務時間を割り振られていないので（　⑥　）の支給対象とならず、休日（祝日等）は、正規の勤務時間が割り振られているため（　⑥　）の支給対象となります。

● 休業日とはどのような日のことですか？

　学校において、（　⑦　）を行わない日のことです（学校教育法施行規則4条）。

● 非常時の臨時休業については、法令にどのように規定されていますか？

　学校教育法施行規則63条に「（　⑧　）その他急迫の事情があるときは、校長は、臨時に授業を行わないことができる」とされています。

　市町村立学校の場合、市町村の（　⑨　）に報告する必要があります。

時間外勤務と在校等時間の管理

●公立の義務教育諸学校等の教育職員には、時間外勤務手当が支給されない代わりに、何が支給されていますか？

　給料月額の４％が、（　⑩　）として支給されています。

●その支給を定める法律を何と呼びますか？

　（　⑪　）（公立の義務教育諸学校等の教育職員の給与等に関する特別措置法）です。

●給特法では、教育職員の時間外勤務についてどのように定めていますか？

　教育職員を正規の勤務時間を超えて勤務させる場合は、政令で定める基準に従い、条例で定める場合に（　⑫　）、としています（６条１項）。これは（　⑬　）（祝日等）の勤務にもあてはまります（６条３項一号）。

●その政令には、時間外勤務の基準がどのように定められていますか？

　一号で、原則として時間外勤務を（　⑭　）ものとする、としています。

　二号で、時間外勤務を命ずる場合は、４つの業務（いわゆる超勤４項目）に従事する場合であって、臨時または緊急の（　⑮　）があるときに限るものとする、としています（公立の義務教育諸学校等の教育職員を正規の勤務時間を超えて勤務させる場合等の基準を定める政令）。

●給特法７条に基づき策定された指針を何といいますか？

　公立学校の教育職員の（　⑯　）の適切な管理等に関する指針です。

●その指針では、何を勤務時間管理の対象としていますか？

　超勤４項目以外の業務を行う時間も含めた、教育職員が在校している時間を基本とした「（　⑰　）」です。

●在校等時間について、どのような上限が設けられていますか？

　勤務時間外の在校等時間（時間外在校等時間）の上限が、原則として１ヵ月で（　⑱　）時間以内、１年間で（　⑲　）時間以内とされています。

　ただし、臨時的な特別の事情により業務を行わざるを得ない場合は、１ヵ月で100時間未満、１年間で720時間以内とされています。

「勤務時間と長時間労働の管理」解答

①38　　②45　　③勤務時間　　④教育委員会　　⑤校長

⑥給与　　⑦授業

⑧非常変災　　⑨教育委員会

⑩教職調整額　　⑪給特法

⑫限る　　⑬休日　　⑭命じない　　⑮やむを得ない必要

⑯業務量　　⑰在校等時間　　⑱45　　⑲360

《参考条文》

● 1週間の正規の勤務時間（学校職員の勤務時間、休暇等に関する条例）

　職員の勤務時間は、休憩時間を除き、4週間を超えない期間につき1週間当たり38時間45分とする。

　※自治体によって規定する条例の名称や条文が異なるため要確認

● 週休日（学校職員の勤務時間、休暇等に関する条例）

　日曜日及び土曜日は、週休日（勤務時間を割り振らない日をいう。……）とする。

　※自治体によって規定する条例・規則の名称や条文が異なるため要確認

● 非常変災時の出席停止（学校教育法施行規則63条）

　非常変災その他急迫の事情があるときは、校長は、臨時に授業を行わないことができる。この場合において、公立小学校についてはこの旨を当該学校を設置する地方公共団体の教育委員会……に報告しなければならない。

● 教職調整額（公立の義務教育諸学校等の教育職員の給与等に関する特別措置法3条）

　教育職員……には、その者の給料月額の100分の4に相当する額を基準として、条例で定めるところにより、教職調整額を支給しなければならない。

　2　教育職員については、時間外勤務手当及び休日勤務手当は、支給しな

い。

　※３項略

● **教職員の正規の勤務時間を超える勤務等**（公立の義務教育諸学校等の教育
　職員の給与等に関する特別措置法６条）

　教育職員（管理職手当を受ける者を除く。……）を正規の勤務時間……を
超えて勤務させる場合は、政令で定める基準に従い条例で定める場合に限る
ものとする。

　２　前項の政令を定める場合においては、教育職員の健康と福祉を害する
こととならないよう勤務の実情について十分な配慮がされなければならな
い。

　※３項一号は、教育職員を休日に勤務させる場合に、上記１項の規定を準
　　用する旨を定める

● **時間外勤務の基準と超勤４項目**（公立の義務教育諸学校等の教育職員を正
　規の勤務時間を超えて勤務させる場合等の基準を定める政令）

　公立の義務教育諸学校等の教育職員の給与等に関する特別措置法……第６
条第１項(同条第３項において準用する場合を含む。)の政令で定める基準は、
次のとおりとする。

　　一　教育職員……については、正規の勤務時間……の割振りを適正に行い、
　　　原則として時間外勤務……を命じないものとすること。

　　二　教育職員に対し時間外勤務を命ずる場合は、次に掲げる業務に従事す
　　　る場合であって臨時又は緊急のやむを得ない必要があるときに限るもの
　　　とすること。

　　　イ　校外実習その他生徒の実習に関する業務
　　　ロ　修学旅行その他学校の行事に関する業務
　　　ハ　職員会議（設置者の定めるところにより学校に置かれるものをい
　　　　う。）に関する業務
　　　ニ　非常災害の場合、児童又は生徒の指導に関し緊急の措置を必要とす
　　　　る場合その他やむを得ない場合に必要な業務

⑪ 組織マネジメント、
　　近年の法改正

　人事評価や**学校評価**については、根拠法令を押さえておきましょう。

　学校運営協議会と**学校評議員**は混同しやすいですが、学校運営協議会は法律に規定があり、その委員は教育委員会が任命します。

　最後に近年改正の法令等をまとめましたので、押さえておきましょう。

人事評価、学校評価、学校運営協議会

●地方公務員に対する人事評価の実施を規定する法律は何ですか？

　（　①　）（23条の2第1項）です。

●県費負担教職員の人事評価は、誰が行いますか？

　地方教育行政法44条の特例により、任命権者である都道府県の教育委員会の計画の下に、市町村の教育委員会が行うものとされ、教育委員会規則等により（　②　）等が行います。

●学校教育法42条には何が規定されていますか？

　（　③　）を行い、その結果に基づき改善措置を講じ、教育水準の向上に努めることです。

●学校評価には、どのような実施手法が法令に規定されていますか？

　（　④　）評価（学校教育法施行規則66条）と（　⑤　）評価（67条）です。

●学校教育法43条には何が規定されていますか？

　保護者および地域住民等の理解を深め、連携および協力の推進に資するため、教育活動等の学校運営に関する（　⑥　）を積極的に提供することです。

●職員会議は、法令にどのように規定されていますか？

　学校教育法施行規則48条1項に「小学校には、設置者の定めるところにより、校長の職務の（　⑦　）に資するため、職員会議を置くことができる」とされ、48条2項で「（　⑧　）が主宰する」とされています。

● 学校運営協議会（コミュニティ・スクール）と学校評議員は、それぞれ何という法令に規定され、構成員はどのように決定されますか？

　学校運営協議会は、（ ⑨ ）（47条の5）に規定され、その委員は地域住民や保護者等から教育委員会が任命します。

　学校評議員は、（ ⑩ ）（49条）に規定され、その評議員は校長の推薦により教育委員会が委嘱します。

近年の法改正など

● 教育公務員特例法の改正により、2023年4月から教員の研修についてどのような制度が始まりましたか？

　任命権者である都道府県教育委員会等が、校長および教員の研修等に関する記録を作成し（22条の5）、指導助言者である市町村教育委員会等が、その記録を（ ⑪ ）して校長および教員の相談に応じ研修等に関する情報を提供して（ ⑫ ）等を行うという（22条の6）受講奨励の制度です。

● 文部科学省が作成した、受講奨励制度に関するガイドラインを何といいますか？

　「研修履歴を活用した（ ⑬ ）に基づく受講奨励に関するガイドライン」です。

● 2023年4月から施行された、こどもの権利の擁護を図り、こども施策を総合的に推進することなどを目的とする法律を何といいますか？

　（ ⑭ ）です。

● 地方公務員の定年は、2023年度からどのように改正されますか？

　各地方公共団体の条例改正により、2023年度から2年に1歳ずつ、（ ⑮ ）歳まで段階的に引き上げられます。※2023年4月施行の国家公務員法の改正に伴う

● 2022年4月に施行された、児童生徒へのわいせつ行為等の防止を定める法律の名称は何ですか？

　教育職員等による児童生徒（ ⑯ ）等の防止等に関する法律です。

● 障害者から意思表明のあった社会的障壁の除去の実施のため、公立学校にも義務づけられる配慮を何といいますか？

　（ ⑰ ）です（障害者差別解消法7条2項）。

5章　頻出「法規問題」への対策

「組織マネジメント、近年の法改正」解答

①地方公務員法　　②校長

③学校評価　　④自己　　⑤学校関係者

⑥情報　　⑦円滑な執行　　⑧校長

⑨地方教育行政法（地方教育行政の組織及び運営に関する法律）

⑩学校教育法施行規則

⑪活用　　⑫指導助言　　⑬対話

⑭こども基本法　　⑮65　　⑯性暴力　　⑰合理的配慮

《参考条文》

●学校評価（学校教育法42条）

　小学校は、文部科学大臣の定めるところにより当該小学校の教育活動その他の学校運営の状況について評価を行い、その結果に基づき学校運営の改善を図るため必要な措置を講ずることにより、その教育水準の向上に努めなければならない。

●自己評価、学校関係者評価など（学校教育法施行規則66〜68条）

　66条　小学校は、当該小学校の教育活動その他の学校運営の状況について、自ら評価を行い、その結果を公表するものとする。

　※2項略

　67条　小学校は、前条第1項の規定による評価の結果を踏まえた当該小学校の児童の保護者その他の当該小学校の関係者（当該小学校の職員を除く。）による評価を行い、その結果を公表するよう努めるものとする。

　68条　小学校は、第66条第1項の規定による評価の結果及び前条の規定により評価を行つた場合はその結果を、当該小学校の設置者に報告するものとする。

●情報の積極的な提供（学校教育法43条）

　43条　小学校は、当該小学校に関する保護者及び地域住民その他の関係者の理解を深めるとともに、これらの者との連携及び協力の推進に資するた

め、当該小学校の教育活動その他の学校運営の状況に関する情報を積極的に提供するものとする。

● **職員会議**（学校教育法施行規則48条）
　小学校には、設置者の定めるところにより、校長の職務の円滑な執行に資するため、職員会議を置くことができる。
　2　職員会議は、校長が主宰する。

● **学校運営協議会**（地方教育行政の組織及び運営に関する法律47条の5）
　教育委員会は、教育委員会規則で定めるところにより、その所管に属する学校ごとに、当該学校の運営及び当該運営への必要な支援に関して協議する機関として、学校運営協議会を置くように努めなければならない。（以下略）
　4　対象学校の校長は、当該対象学校の運営に関して、教育課程の編成その他教育委員会規則で定める事項について基本的な方針を作成し、当該対象学校の学校運営協議会の承認を得なければならない。
　※2～3項、5～10項略

● **研修等に関する記録**（教育公務員特例法22条の5）※2023年4月施行
　公立の小学校等の校長及び教員の任命権者は、文部科学省令で定めるところにより、当該校長及び教員ごとに、研修の受講その他の当該校長及び教員の資質の向上のための取組の状況に関する記録（……「研修等に関する記録」という。）を作成しなければならない。
　※2～3項略

● **資質の向上に関する指導助言等**（教育公務員特例法22条の6）※2023年4月施行
　公立の小学校等の校長及び教員の指導助言者は、当該校長及び教員がその職責、経験及び適性に応じた資質の向上のための取組を行うことを促進するため、当該校長及び教員からの相談に応じ、研修、認定講習等その他の資質の向上のための機会に関する情報を提供し、又は資質の向上に関する指導及び助言を行うものとする。
　※2～3項略

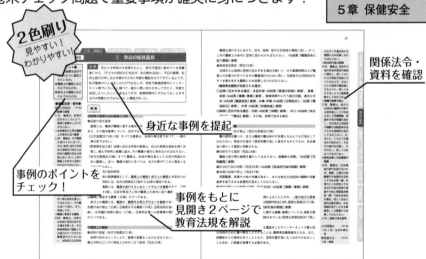

6章

校長・教頭に求められる対応力

伊藤　俊典

本章では、選考試験で問われるトラブル発生時の対応について、典型的な学校の失敗事例を提示し、管理職の対応上の問題点を明らかにしたうえで、本来すべきであった対応例を示し、再発防止に向けた取組方策と心構えをお伝えします。

① 教師による児童生徒性暴力が発覚した

今回の失敗事例

　ある日、保護者（母親）から「最近子どもに元気がなく、先生に会いたくないと言っている」と連絡があった。電話を受けた教頭が担任に確認したところ「とくに変わった様子はありませんでした」と言うので、様子を見守ることにした。

　その1週間後、保護者（父親）が学校に直接来て校長との面会を希望し、「友だちの保護者に話を聞いたところ、うちの子どもが事あるごとに担任に身体を触られていることがわかった。以前にも連絡したのに、なぜ学校は何の対応もしないのか」とまくし立ててきた。

　事情を知らない校長は話を聞くなかで「〇〇（担任名）に悪気はないかもしれないので、詳細を確認してみます」と言ったところ、保護者は激高し「この学校に子どもは預けられない。司法に訴えます」と言って帰っていった。

管理職の対応、ここが問題！

⑴　**教頭が子どもからの事実確認を怠ったことで担任への聞き取りが的確に行われず、児童生徒性暴力等を把握できなかった**

　「保護者（母親）から電話を受けた教頭が担任に確認したところ『とくに変わった様子はありませんでした』と言うので、様子を見守ることにした」とあります。

　教頭は、保護者（母親）から電話を受けたにもかかわらず、なぜ先生に会いたくないのか子どもに**聞き取り**をせず、先に担任から話を聞いています。そして、担任からの聞き取りだけで安易に判断し、様子を見守るという不作為な対応を行いました。その結果、児童生徒性暴力等の事実を把握すること

ができず、保護者の願いに全く対応できませんでした。

　保護者から教員への苦情に関する連絡を受けた場合、子どもの心情を考えて迅速かつ的確に対応することが重要です。連絡を受けた保護者には心配をかけていることに対して謝罪をし、すぐに対応することを約束します。とくに教員への苦情は服務事故にかかわる可能性もあるので、教頭は即刻校長に報告をし、そのうえで**子どもから先に話を聞くことが大切**です。

　そして、子どもからの事実確認をもとにして、校長と教頭で教員から聞き取りを行い、教員への指導を徹底します。その後、家庭訪問などにより管理職から保護者への説明と謝罪を行い、再発防止の約束をすることが大切です。

⑵　小さな問題でも必ず校長まで報告をあげるという体制ができていない

　保護者（母親）から教頭に1週間前に連絡したにもかかわらず、学校が何も対応していないということで不信感が生まれ、保護者（父親）が校長に直接対応を要請する事態となりました。

　しかし、「保護者（父親）から面会を申し込まれた校長は事情を知らなかった」とあります。小さな問題でも**必ず校長まで報告をあげるという体制ができていなかった**ため、校長は事情を知らないままでした。保護者からすれば、教頭に話したことは当然校長も知っていると思っていたにもかかわらず、校長が事情を全く知らずに学校としての対応がなされていないことがわかり、よりいっそう不信感が高まってしまいました。

　教頭が保護者（母親）から電話で連絡を受けた時点で、**すぐに校長に報告し指示を仰がなければなりません。**

　また、「先生に会いたくない」という訴えであるので、担任にはわからないように、先に子どもからの聞き取りを行う必要があります。その際、子どものプライバシーの保護には十分に配慮することが必要です。

　その結果をもとにして、校長と教頭が担任から聞き取りを行い記録します。さらに、校長は教育委員会に第一報の報告を入れます。

　保護者には、校長から「事実確認の結果」「管理職からの担任への指導」「再発防止に向けた取組」について丁寧に説明し、謝罪も行います。

⑶　校長がポロッと教師をかばうような言動をしてしまうなど、事の重大さ

と保護者・子どもの心情を理解できていない

「校長は『〇〇（担任名）に悪気はないかもしれないので、詳細を確認してみます』と言った」とあります。

保護者にとっては、先週教頭に連絡した内容を校長が把握していないだけでも不信感をもつのに、校長ならば解決してくれると考えて直接訴えたにもかかわらず、校長自身が事の重大さを感じずに**身内をかばう発言をした**ことで、校内では教員のわいせつ行為を解決することが不可能だと感じています。

そのため、子どもを安心して通わせることができず、学校外の司法に訴えるという手段を考えざるを得ない状況に追い込まれてしまったのです。

⇨ **では、どうすればよかったか！**

校長と教頭は保護者や子どもからの訴えについては、真摯に受け止め、その心情を理解して、最大限迅速に課題解決にあたる姿勢をまず示します。

その際、保護者に**不安や不満を感じさせてしまったことに対して謝罪を行う**ことが必要です。とくに、児童生徒性暴力等については、重大な人権問題であるとともに法令違反であることから、校長が一報を受けた時点で教育委員会にも報告を行い、指示を仰ぎながら対応を進めていきます。

再発防止に向けた取組方策

⑴ **学校経営計画への児童生徒性暴力等防止の明記や研修の実施により、全教職員の服務規律の徹底を図る**

児童生徒等に対する指導上不必要な身体接触は、着衣の上からの身体接触も含めて決して行ってはならない行為です。こうした行為は、児童生徒性暴力等防止法違反だけでなく、刑法違反、青少年健全育成条例違反、児童福祉法違反にも該当する可能性があり、重大な非違行為であることを管理職は常に意識し、教職員に行わせないようにすることが責務です。

そのため、教職員に理解させるために**定期的な防止研修**を実施する必要があります。また、人事評価の面談等による個別指導や授業観察等において、**日常的に確認を行う**必要もあります。

さらに、校内における児童生徒性暴力等の**相談窓口を明確**にし、保護者・児童生徒への周知を年度当初に行っておくことが重要です。

⑵ **校内の全教職員による報告・連絡・相談・確認の実施体制を確立する**

①児童生徒性暴力等は危機管理の重大な問題であることを管理職として意識し、教職員が起こさないように措置を講じておく！

②校内の情報伝達（報告・連絡・相談・確認）体制を確立し、とくに課題と思われる事案については、迅速に校長まで伝わるようにしておく！

③子どもや保護者からの訴えには真摯に聴く姿勢を持ち、解決にいたるまで最大限迅速に誠意をもって対応する！

　校長の**学校経営計画に校内の情報伝達（報告・連絡・相談・確認）の徹底を掲げ**、全教職員の意識を高めておきます。とくに危機管理に関すること（事故発生や苦情等）については、**発生した直後に校長・教頭に報告することを義務づけ**、課題が生じたときには具体例をあげて教職員に指導を行います。

　そして、管理職は教職員との会話、日常的な授業参観や子どもとの会話を積極的に行い、**校内の状況を積極的に把握する努力**も重要です。

⑶　**子どもや保護者からの訴えについては、学校の責任者である管理職として常に真摯に受け止め、迅速に対応を行い、課題解決と再発防止を行う**

　管理職は保護者からの訴えには、常に真摯に応えるという姿勢をもち、誠実に対応し、校内で起きたすべての課題に責任者として謝罪の意を示し、迅速な解決を約束することが大切です。

　そのうえで、事実確認をその日のうちに行い、関係教員への指導の徹底と教育委員会への報告を行う必要があります。本件の場合は、保護者の了解を得たうえで、校長が同席し関係教諭からの保護者への謝罪と二度と行わないことの約束を行いたいです。そして、翌日からは校長と教頭による授業観察を毎日行い、保護者や子どもの**不安を取り除いていく**必要があります。

＊

　児童生徒性暴力等は重大な人権問題であり、非違行為として扱う必要があります。子どもにとっては、一生消えることのない心の傷となり、学校教育への不信感や不安感も生じます。そのため、日頃からハラスメントを起こさせない体制づくりを行い、子どもや保護者からの訴えには最大限の危機感をもって迅速に対応しなければなりません。

② 保護者から
担任の変更を要求された

今回の失敗事例

　５月中旬、小学校３年生の保護者から「授業参観に行ったが、数名の子どもが担任の言うことを聞かずに喧嘩し、泣き出す子もいて、授業になっていない。担任を替えてほしい」という電話があった。教頭は「担任を替えることはできません。担任には指導しておきます」と答えた。

　放課後、教頭は担任を呼んで「授業中にけじめをつけられるようにしてほしい」と伝えた。担任は「子どもが言うことを聞かずに困っています」と訴えたため、教頭は「もっと厳しく注意したらどうか」とアドバイスし、担任に任せることにした。

　６月になり、数名の保護者が校長室に来て、「学級が荒れていて、いじめもある。教頭に話したが何もしてくれなかった。担任を替えてほしい」と要望してきた。校長は事情を把握していなかったので「担任を替えることはできません」と答えたところ、保護者は怒りだし、「それならば、もう明日から子どもを学校には行かせない」と言って、そのまま教育委員会に訴えにいった。

管理職の対応、ここが問題！

(1) **管理職が学級の状況を日常的に把握していなかった**

　保護者の電話で「授業参観に行ったが、数名の子どもが担任の言うことを聞かずに喧嘩し、泣き出す子もいて、授業になっていない」とあります。

　新年度になり、クラス替えが行われ、新しい担任のもとに学級経営が始まります。そのなかで、どの学級にも様々な課題が生じ、時には**担任だけでは解決が困難な状況**もでてきます。

　今回のケースでは、新年度の学級の状況を管理職が把握していなかったた

め、授業の成立していない学級が発生してしまい、それを見た保護者が子どもの今後の学校生活に不安を覚えることになってしまいました。

⇨ では、どうすればよかったのか！

今回のケースでは、保護者がいる授業参観中でも担任の指導が困難な状況になっており、かなり以前から課題があったと考えられます。

新年度、新しい環境の下での各学級の課題を把握し、解決に向けて迅速に対応することは、管理職の責務です。そして、**この時期を逃すと解決は困難になりがち**です。

そのため、とくに新年度はじめは、管理職が毎日複数回の授業観察や各担任からの聴き取りを行い、子どもの様子も観察しながら**全学級の状況や課題を把握し、課題に迅速に対応できるようにしておく**必要がありました。

(2) 教頭が課題を軽視し真摯に対応しなかった

今回のケースでは、保護者から苦情の電話を受けた教頭が、担任に授業中にけじめをつけられるよう指導したところ、担任は子どもが言うことを聞かずに困っていることを教頭に打ち明けています。

それにもかかわらず、教頭は、もっと厳しく注意するようにアドバイスしただけで、その後の対応を担任に任せており、校長に報告もしませんでした。学級崩壊にもつながる**学校経営上の大きな課題を放置しており、管理職としての責任を果たしていません。**

そのため、担任が問題を一人で抱え込んでしまい、学級は荒れていじめも発生するようになってしまいました。

⇨ では、どうすればよかったのか！

教頭は、保護者からの電話があった時点で、心配をおかけしていることを最初にお詫びし、解決に向けて学校として努力することを約束します。

その後、**すぐに校長に電話の内容を報告し**、担任や学年主任などから学級の様子を聴いたり、授業を観察したりして、**指導上の課題を洗い出します。**

そのうえで、個別に対応が必要な子どもへの指導方針を決め、担任には授業の工夫や学級内の人間関係づくりの方法などを指導し、管理職や学年主任など**複数の教員でかかわりながら対応する**必要がありました。

また、保護者には、学校の上記の取組や改善状況を定期的に報告し、不安を和らげる配慮をします。

(3)　保護者の心情や要望を受け止める姿勢が不十分だった

　保護者は、授業参観で子どもが学習に集中できていない状況を目撃し、担任の指導力を疑って、学校に「担任を替えてほしい」と電話したところ、教頭から担任は替えられないが指導をしておくと言われました。

　それにもかかわらず、学級の状況が改善されなかったため、再度校長に「担任を替えてほしい」と訴えています。

　しかし、校長が解決策を示すでもなく、「担任を替えることはできません」と教頭と同じ返答をしたため、**保護者は改善への対応を拒否されたと感じ、**怒って教育委員会に訴えにいってしまったのです。

⇨ では、どうすればよかったのか！

　担任にはこの状況を何とかしたいという思いがあり、また管理職が積極的にかかわることで学級の状況を改善させることは可能ですから、担任を変更しないという考えは間違っていないと思います。

　しかしながら、管理職として、担任の変更を要望せざるを得なかった**保護者の心情を理解し、担任や学校に対する要望をしっかりと聴く姿勢**が必要でした。そのうえで、(2)でも述べたように、管理職を中心として全校体制で改善に取り組んでいくことを約束し、理解を得ることが大切です。

再発防止に向けた取組方策

(1)　日常的に学級の状況を把握する体制を整える

　今回のケースでは、管理職が各学級の状況を的確に把握していなかったために、対応が遅れ、保護者の担任への不信感が高まってしまいました。

　そこで、再発防止のため、管理職として**全学級の状況を日常的に把握するための体制を整える**ことが必要です。

　たとえば、校長と教頭で分担して、授業観察、子どもの様子（休み時間・給食・清掃・登下校時など）の観察、担任からの聴き取りなどを毎日行うようにします。教師や子どもたちの良い点を探しながら、学級に何か課題が生じていないかも把握するようにします。

　また教頭は、**職員室での教職員の会話などからも情報をキャッチし、対応が必要なことがあれば詳細を聞いて、すぐに校長に報告する**ことも大切です。

(2)　担任に学級の課題を抱え込ませない体制を整える

①管理職が授業観察や担任からの聴き取りを毎日行うなど、日常的に学級の状況を把握する体制を整える！

②校長への報告を徹底するなどして、担任に学級の課題を抱え込ませない体制を整え、学校経営上の課題として迅速に対応する！

③保護者の要望や苦情に対しては、まず話を傾聴して気持ちを受け止め、何を解決してほしいのかを明確にする！

今回のケースでは、担任が抱えていた学級経営上の課題を教頭が軽視したため、親身になって対応せず、校長に報告もしませんでした。

そこで、校長は再発防止のため、教頭に**担任が課題を抱えていることに気づいたら必ず報告する**ことを伝え、学校経営上の課題として迅速に対応することを確認します。重要なことは、**担任に課題を抱え込ませない**ことです。

今回のように担任だけで解決することが困難と思われる場合には、管理職が積極的にかかわり、必要に応じて合同授業、交換授業、一部教科担任制などを実施して、**複数の教員がかかわる体制**をつくるようにします。

(3) 保護者の要望を丁寧に受け止め本質をとらえる

今回のケースでは、校長が保護者からの要望に対して、担任は替えられないことを最初に伝えてしまったために、保護者に要望のすべてを拒絶されてしまったと感じさせ、激しい怒りを招くことになりました。

保護者からの要望や苦情に対しては、まず**保護者の話を傾聴し、気持ちを受け止め**、誠意をもって対応することが大切です。その際、**何を解決してほしいのかを明確にする**ことが必要です。

保護者の本質的な訴えは、授業がきちんと行われ、いじめが生じない学級になり、子どもが楽しく学校で過ごせるようになることですので、その実現に向けての方策を学校として考え、実行していくことが重要になります。

＊

校長・教頭は、日常的に学級経営の課題を把握し、課題解決に向けた対応を迅速に行うことが大切です。保護者から担任変更の要望があった場合には、**管理職が積極的に学級経営にかかわり**、改善を図っていくことで、担任への信頼を回復させ、円滑な学級経営を行えるようにすることが重要です。

③ いじめにより
子どもが不登校になった

今回の失敗事例

　校長は、学校経営計画にいじめ防止を掲げ、職員会議で示していた。

　6月のある日、A教諭が担任をしている生徒から「SNSで悪口を書かれている」との相談を受けた。A教諭は様子を見ようと思い「またそういうことがあったら教えてほしい」と声をかけた。翌日、その生徒の保護者からA教諭に「体調が悪いのでしばらく休ませる」との連絡があった。

　翌週、A教諭から「欠席が続いている生徒がいる」との報告を受けた教頭は、「どういう状況か聞くように」と指示をした。A教諭が保護者に電話をしたところ「同級生からいじめられている。SNSで悪口を書かれてショックを受けている」と言われた。その報告を受けた教頭は「SNSで悪口を書かないようにクラス全員に指導するように」と指示をし、校長に経過を報告した。

　A教諭が指導をした翌週、保護者から校長に電話があり「SNSのいじめが余計ひどくなった。これでは学校には行かせられない」と憤慨された。

管理職の対応、ここが問題！

⑴　**いじめ発見時に、すぐに管理職に報告する体制ができていなかった**

　「A教諭は様子を見ようと思い『またそういうことがあったら教えてほしい』と声をかけた」「翌週、A教諭から『欠席が続いている生徒がいる』との報告を（教頭は）受けた」とあります。

　生徒からSNSでの悪口の相談があったにもかかわらず、担任は生徒の心情を深く理解せずに**様子見**という対応にとどめました。また、管理職への速や

かな**報告をせずに抱え込んで**しまいました。その結果、いじめは継続され、生徒の悩みはよりいっそう深刻化して登校できなくなりました。

⇨ では、どうすればよかったか！

生徒からSNSでの悪口の相談を受けた時点で、**担任はいじめであると認識**し、管理職にすぐに報告しなければなりません。

そして、教頭は教員から報告を受けた場合、すぐに校長に報告を行い、管理職としていじめへの対応方針を明確にする必要があります。

また、管理職は欠席者の確認を毎日行っているはずです。今回のように担任から報告がなくても、**連続欠席する子どもがいたらいじめの可能性がないかと考えて**担任から状況を把握し、もしいじめと考えられる場合には、事実確認や関係生徒への指導などの対応に迅速に取り組む必要があります。

(2) **教頭の指示が不十分で、いじめへの対応が適切に行われなかった**

「（A教諭から）報告を受けた教頭は『SNSで悪口を書かないようにクラス全員に指導するように』と指示をし」とあります。

どの学校にも、いじめ防止対策推進法に基づくいじめ防止基本方針があり、いじめ発見時の対応マニュアルもあるはずです。今回のケースではそれらが生かされず、教頭の指示が不十分でした。

とくに、事実関係の把握や個別指導を行う前に学級の生徒全員への指導を行ってしまったために、いじめは解消されず、より悪化してしまいました。

⇨ では、どうすればよかったか！

教頭は報告を受けたらすぐに校長に報告し、管理職として基本方針やマニュアルを生かした対応策を明確にし、全教職員への指示を行います。

いじめの対応では、**最初に正確な事実確認が必要**です。いじめられている生徒からの聴き取りを行い、その後、関係生徒からの聴き取りやSNSの確認により事実を把握します。そのうえで、関係生徒への個別指導と書き込みの削除、謝罪の場の設定、保護者への説明と協力依頼などを行うことが大切です。

とくに、SNSなどのインターネット上の書き込みは、気軽に行われる反面、**子どもの心情等に深刻な影響を与えるもの**であり、保護者とも連携して確実に削除をさせ、二度としないことを約束させ、家庭でも継続して見守っていただくことの協力を得ることが大切です。

⑶　**校長のリーダーシップの下に組織的に取り組む体制ができていなかった**

　「校長は、学校経営計画にいじめ防止を掲げ、職員会議で示していた」とあります。しかし、A教諭は翌週までいじめを教頭に報告せず、教頭は対応を指示してから校長に報告したように、校長の掲げた方針が**教職員の実際の対応につながっていません**でした。

　そして本来であれば、いじめの報告を受けた段階で校長がリーダーシップを発揮し、方針や役割分担を決めて教職員に周知し、組織を生かして対応しなければなりませんが、教頭から報告を受けてもとくに対応を指示しませんでした。そのため、いじめが余計ひどくなり、保護者が校長に苦情の電話をかけてきたのです。

⇨ では、どうすればよかったか！

　校長はいじめの報告を受けたとき、リーダーシップを発揮し、**率先して迅速に対応にあたる**ことが大切です。

　まずは、生徒のつらい気持ちを共感的に受け止め、対応の不備を保護者に謝罪し、生徒が安心して登校できるように今後の学校の対応について説明をし、**理解を得ることが重要**です。

　そのうえで、いじめの解消に向けて、いじめられた生徒への支援、書き込みをした生徒への指導、学級・学年・学校全体の指導、保護者への啓発などについて、タイムスケジュールと役割分担を教職員に示します。

　また、校長は、教育委員会とも連携し、専門的な助言も受けながら臨機応変に対応を修正し、組織を生かしていじめを解消させます。

再発防止に向けた取組方策

⑴　**管理職への報告の徹底と早期発見の実施体制の確立を図る**

　今回のケースでは、担任がいじめの相談を受けたにもかかわらず、管理職にすぐに報告しなかったため、いじめの継続を招くことになりました。

　そこで、いじめ発見時の**管理職への報告・連絡・相談・確認の実施体制を確立**する必要があります。校長はあらためて校内の情報伝達の徹底を掲げ、全教職員の意識を高めておくことが大切です。

　さらに、いじめに関するアンケートや個人面談の結果を管理職に報告することを徹底したり、教育相談の体制を見直したりして、発生したいじめを見

①いじめに関する報告・連絡・相談・確認の徹底と早期発見の実施体制を確立する！

②いじめ防止基本方針や対応マニュアルを見直し、いじめ発見時の組織的で的確な早期対応を徹底する！

③管理職がリーダーシップを発揮して課題解決を行い、未然防止の指導の充実を図る！

逃さずに早期発見ができる実施体制を整えます。

(2) いじめ防止基本方針や対応マニュアルを見直し的確な対応を徹底する

　今回のケースでは、報告を受けた際の教頭の指示が不十分であったため、いじめを解消できず、かえって悪化する事態を招きました。

　そこで、校長は今回の対応の課題を明確にしたうえで、学校のいじめ防止基本方針・年間計画・発見時の対応マニュアルを見直し、**いじめ発見時の対応についてあらためて教職員へ周知徹底を図る**必要があります。

　さらに、研修会を定期的に開催し、いじめ発見時には、基本方針や対応マニュアルに基づいて、いつでも誰もが的確に対応できるようにしておきます。

(3) 組織的な指導体制の確立を図り、未然防止の指導を充実させる

　今回のケースでは、校長が報告を受けたにもかかわらず適切な指示を行わなかったため、生徒が不登校になり保護者の不信感を招くことになりました。

　そこで、管理職がリーダーシップを発揮して対応できるように、日頃から**様々ないじめのケースを想定して対応のシミュレーションを行い**、校長・教頭で共通理解し、いつでも実践できるようにしておく必要があります。

　また、校長は、道徳教育・人権教育・情報モラル教育などを見直し、いじめが発生しないように未然防止指導のさらなる充実を図ることも大切です。

＊

　いじめは、生命への危険を生じさせるおそれのある事態であり、未然防止・早期発見・早期対応・再発防止を行うことは、学校の重大な責務です。

　管理職は、未然防止の教育を充実させるとともに、いじめが発生したときには個々の教職員が抱え込まず、迅速に解消を図れるような体制をつくっておく必要があります。

6章 校長・教頭に求められる対応力

④ 保護者から合理的配慮の 対応を求められた

今回の失敗事例

中学校の新入生入学説明会の折に、ある保護者から「うちの子は学習障害があるため、中学校でも小学校のときと同じように配慮してほしい」との相談が教頭にあった。教頭は「入学したら相談しましょう」と答えた。

入学後、保護者から教頭に電話があり「中学校の授業についていけなくなっている。早く改善してほしい」と言われた。教頭は「対応を考えますから、もう少し待ってください」と答え、国語と数学の教員に対応を指示した。

1学期の中間考査後、保護者から校長に電話があり「小学校ではプリントにルビを振ってくれたり、テストの時間を延ばしてくれたりなどの配慮をしてくれたのに、中学校では先生によって違う。頭ごなしに叱る先生もいるので、学校に行きたくないと言っている」との訴えがあった。

校長が「校内でじっくり話し合って決めたいと思います」と答えたところ、「何回も言っているのにどうしてすぐにやってくれないのか」と憤慨されてしまった。

管理職の対応、ここが問題！

(1) 教頭の聴き取りが不十分で、合理的配慮の検討がなされなかった

教頭は入学説明会の時点で、新入生の保護者から合理的配慮を求める相談を受けたにもかかわらず、**保護者との個別面談や小学校からの聴き取りをすぐに行わず、入学後に相談して検討するという判断をしてしまいました**。

そのため、小学校で行われていた障害の特性に応じた合理的配慮が、中学校入学とともに行われなくなってしまい、当該生徒は見知らぬ生徒集団や、教科担任制の授業などの環境の変化についていけなくなってしまいました。

　保護者から相談があった時点で、**教頭は校長にすぐに報告し、入学前に個別の相談を行う**ことが必要です。個別の相談には、校長、教頭、特別支援教育コーディネーター、新１年担当教員・スクールカウンセラーなどが出席し、保護者からの相談を丁寧に聴くことが大切です。

　そして、生徒が在籍する小学校から、どのような配慮をしているのかを詳細に聴き取り、校内委員会にて合理的配慮の内容や方法の検討を行う必要があります。その結果については、入学前に保護者との面談の場を設定して**合意形成を行っておき、入学式当日から実施する**ことが重要です。

(2)　学校全体での取組をしなかったため、配慮が不十分となった

　保護者は校長への電話の中で、「中学校では先生によって（対応が）違う。頭ごなしに叱る先生もいる」と言っています。

　このケースでは、合理的配慮の取組が組織的に行われていません。教頭は、国語と数学の教員には対応を指示したものの、その他の教科や、授業以外の教育活動での配慮がなされていないことがうかがえます。

　その結果、教科ごとに指導方法が異なったり、学習障害の特性を理解せずに頭ごなしに叱ったりして、生徒を精神的に追い詰めてしまいました。

⇨ では、どうすればよかったか！

　合理的配慮は全校体制で行う必要があります。

　障害の特性や本人の状況を把握するために、特別支援教育コーディネーターや学級担任も含めて保護者と相談を重ねます。その後、授業プリントや試験問題へのルビ振り、試験時間の延長、イヤーマフの使用許可など、具体的な対応を校内委員会で検討することが必要です。そして、検討結果を保護者に提案し合意形成をします。

　なお、中学校であれば、**合理的配慮は全教科で実施する**ことが重要です。ケース会議を開催し、生徒の障害の特性や現在の状況および合理的配慮の内容・方法などを**全教職員が共通理解して**取り組むことが必要です。

(3)　校長の合理的配慮への認識が甘く、判断が遅くなった

　校長は保護者の訴えに対して、「校内でじっくり話しあって決めたいと思います」と答えています。

保護者からすると、新入生説明会と入学後の２回も教頭に相談しているにもかかわらず、迅速に実行してくれていないという不満があり、さらに校長から時間をかけて検討する旨の返答を受けて、憤慨してしまったのです。

　校長の合理的配慮への認識が甘く、すぐに対応しようという姿勢が見られませんでした。そのため、合理的配慮を必要としている生徒の環境整備や、学びの特性に配慮したきめ細かな指導がなされなかったのです。

⇨ では、どうすればよかったか！

　まず、新入生説明会で**保護者から何か相談があれば、すぐに校長に報告するよう校内に周知しておくべきでした**。

　小学校で実施してきた合理的配慮については、中学校においても継続すべきものは継続し、新たに必要となる配慮事項については、内容と方法を検討して入学式当日から実施し、中学校生活を順調にスタートさせることが重要です。

　また、校長は保護者からの電話に対して、対応の遅れや全教科での取組ができていないことへの謝罪をしたうえで、今後の学校の対応を上記のように**迅速に検討する旨を説明し、理解を得る必要がありました**。

再発防止に向けた取組方策

⑴　合理的配慮に関する提供プロセス等の見直しを行う

　今回のケースでは、新入生説明会の折に保護者からの相談があったにもかかわらず、教頭が入学後に検討すればよいと判断して校長への報告等をしなかったため、入学時から生徒に必要な合理的配慮が行われませんでした。

　そこで、校内の合理的配慮に関しての提供プロセスと相談支援体制の見直しを行い、保護者等から相談があった場合には必ず校長まで報告して校内で検討するなど、**組織的に対応するための体制を確立する**必要があります。

　そのうえで、校長は提供プロセスをあらためて教職員に周知し、**合理的配慮に対する教職員の意識を高めておく**ことが重要です。

⑵　合理的配慮を全教職員で組織的に行う体制を確立する

　今回のケースでは、教頭が国語と数学の教員だけに対応を指示したため、全教科を通じての合理的配慮が行われませんでした。

　合理的配慮は、特定の教科や場面だけでなく、全校体制で組織的に対応す

①合理的配慮に関する提供プロセスの見直しを行い、相談支援体制の確立を図る！

②合理的配慮を全教職員で組織的に行うための体制を確立する！

③校長・教頭は合理的配慮への認識を改め、必要な合理的配慮を迅速に行うためのシミュレーションを行う！

る必要があり、そのための取組体制を確立することが重要です。

　具体的には、まず保護者との面談では、校長・教頭・特別支援教育コーディネーター・学年主任・担任が同席し、障害の状況や教育的ニーズの把握を丁寧に行うようにします。

　そして校内委員会で、本人が抱えている困難を改善・克服するために必要な配慮を検討し、個別の教育支援計画・指導計画を作成したら、その内容を校内で共有して、**全教職員が足並みを揃えて取り組める**ようにすることが大切です。

(3)　**校長・教頭は合理的配慮への認識を改め、シミュレーションを行う**

　今回のケースでは、校長・教頭の認識の甘さが判断の遅さにつながり、生徒の学校生活や学習に必要な合理的配慮が迅速に行われませんでした。

　そこで、校長・教頭は合理的配慮について迅速に対応できるように、日頃から様々な障害や困難さのケースを想定し、どのような合理的配慮を提供したらよいか、そして校内の組織をどう活用すれば**迅速に実践できるかのシミュレーションを行って**おく必要があります。

　また、支援に必要な人的措置、施設・設備の配慮、専門家からの指導などについては、教育委員会と積極的に連携を図っていくことが大切です。

＊

　「障害を理由とする差別の解消の推進に関する法律」により、合理的配慮を的確に行うことが求められています。校長がリーダーシップを発揮し、校内委員会の運営、相談支援体制の確立、個別の教育支援計画・指導計画の作成、専門家との連携などを行い、指導の充実を図ることが重要です。

　また、進学にあたり合理的配慮の対応が途切れないよう、**小学校と中学校の連携をいっそう充実させる**ことも大切な視点です。

6章　校長・教頭に求められる対応力

⑤ 教師の不適切な言動が
ネットでさらされ炎上した

今回の失敗事例

　ある日、中学校３年生数名が教頭に「A先生が部活のときにひどいことを言ったり怒鳴ったりするのでやめさせてください」と言ってきた。教頭がA教諭に聞いてみると「怒鳴ったりはしていません」とのことだった。A教諭は生徒指導の要であり、教頭はしばらく様子を見ることにした。

　次の週に、ある保護者から校長に対して同様の訴えがあった。校長はA教諭を呼んで「保護者から苦情が来ているから気をつけるように」と伝えた。

　その数日後、別の保護者から校長に「A先生が暴言や威嚇をしている動画がネットにあげられて炎上している」と連絡があった。すぐに検索してみると、A教諭が部活動で生徒を怒鳴りつけている動画があり、A教諭を非難する多数のコメントが寄せられていることがわかった。

　その直後に、教育委員会から問い合わせの電話があり、校長は「わからないので調べて報告します」と答えた。続けて他の保護者やマスコミからも問い合わせがあったが、校長はどうしたらよいかわからなくなり「今はわかりません」と答えた。

管理職の対応、ここが問題！

⑴　生徒・保護者からの訴えに真摯に対応しなかった

　今回のケースは、「教師の不適切な言動」と「ネット炎上」という２つの課題があり、管理職はそれぞれに対して対応を行う必要があります。

　まず、生徒と保護者が「A先生が部活のときにひどいことを言ったり怒鳴ったりするのでやめさせてください」と、不適切な言動をやめさせてほしい

一念で訴えたにもかかわらず、教頭は様子見、校長は口頭注意で済ませてしまいました。

　そのため、A教諭の不適切な言動は継続され、生徒と保護者は訴えを無視されたと感じ、校長・教頭への信頼が完全に失われてしまいました。

⇨ では、どうすればよかったか！

　生徒と保護者の心情に配慮しての丁寧な対応が必要でした。また、**嫌な思いをしている生徒が他にもいる**ことを想定すべきです。

　生徒からの訴えがあった時点で教頭は校長にすぐに報告し、管理職で分担して部活動の生徒全員から聴き取りを行い、事実を把握します。暴言等の事実を確認したうえで、A教諭からの聴き取りと指導を行い、生徒への謝罪と今後の指導方針の説明などを行います。暴言等の内容（例：「バカ」「クズ」「役立たず」など）によっては、保護者に対する謝罪や説明、教育委員会への報告も必要となります。

　上記の対応が遅れ、保護者からも訴えが来てしまった場合には、**さらに事態が悪化している可能性**があります。学校の対応の遅れを認識し、保護者の心情にいっそう配慮して早急に対応する必要があります。

(2)　**不適切な言動への認識が甘く、厳格な対応を行わなかった**

　教師の暴言や威嚇は、**生徒に精神的な苦痛を与える人権侵害・ハラスメント行為であり、信用失墜行為**にあたります。

　生徒や保護者から切実な訴えがあったにもかかわらず、校長と教頭は教師の不適切な言動が生徒にもたらす重大な影響や服務規律違反であることを認識せず、厳格な対応を行いませんでした。

　そのためA教諭の不適切な言動は継続し、生徒や保護者は不満を持ち続け、ネットで動画を配信されてしまうという事態を招いてしまいました。

⇨ では、どうすればよかったか！

　まず(1)で示した対応を早急に行ったうえで、教師の言動が非違行為にあたる可能性があるため、事実確認に基づいた厳正な指導、教育委員会への迅速な報告、再発防止への取組などが必要になります。

　関係する生徒と保護者には、調査の結果、管理職からの指導内容、今後の対応を説明し、A教諭を連れて謝罪します。その後、部活動の生徒全員への謝罪と今後の対応の説明を行い、部活動保護者会で説明します。

(3) 校長が危機管理の場面で冷静さを失ってしまった

「他の保護者やマスコミからも問い合わせがあったが、校長はどうしたらよいかわからなくなり『今はわかりません』と答えた」とあります。

教員の動画がネットで炎上するというケースは頻繁に発生するものではないだけに、A教諭の動画配信を知った校長は、冷静さを失い事態を収束できずにいます。そのため、教職員への周知・対応の指示や教育委員会との連携などが遅れ、学校全体での取組ができなくなっています。

このままでは、学校の対応が後手にまわり、それによって生徒・保護者が混乱し、正常な教育活動を行えなくなってしまうことが予想されます。

⇨ では、どうすればよかったか！

まず、ネット上の動画の存在がわかった時点で**教育委員会への報告が必要**です。次に、A教諭の不適切な言動に対する(1)(2)の対応を行いながら、関係生徒から動画投稿についての聴き取りも同時に行います。

動画を投稿した生徒がわかった場合には、A教諭の不適切な言動と学校の対応の遅れを謝罪するとともに、削除の依頼をします。拡散してしまった動画の削除は難しいと思いますが、教育委員会や弁護士などの専門家に相談しながら可能な限り対応します。また、マスコミ対応は教育委員会と連携して校長が行います。

初期対応を終えた段階で、部活動保護者会と全校保護者会を開催し、事実関係や再発防止策の説明と謝罪を行うことが必要です。

再発防止に向けた取組方策

(1) 生徒からの訴えは個々で判断せず必ず校長まであげる

今回のケースでは、生徒から部活動顧問の不適切な言動についての訴えがあったにもかかわらず、教頭が様子を見るという判断をしたため、生徒の不満が強くなり、保護者が校長へ訴える事態になってしまいました。

そこで、今回の反省点を校長・教頭で洗い出し、校内の相談体制の見直しを図り、**生徒からの訴えは個々で判断せず必ず校長まであげる**ようにします。また、担任による個別面談、スクールカウンセラーによる面接、アンケートなどを定期的に行い、生徒の悩みを日常的に把握できるようにします。必要に応じ、管理職も生徒と面談して迅速に解決にあたることが重要です。

①生徒からの訴えは個々で判断せず必ず校長まであげる！

②ハラスメントへの対処方針を周知し、意識を高める！

③様々な危機に対応できるようシミュレーションをしておく！

(2) ハラスメントへの対処方針を周知し、意識を高める

今回のケースでは、部活動顧問による不適切な言動が行われ、管理職も厳格な対応を行わず、ハラスメントに対する意識の低さが露呈しました。

そこで、管理職は自身の意識の低さや対応の瑕疵を反省したうえで、再発防止に向けて、**体罰だけでなくハラスメント行為についても厳正に対処する旨の方針を改めて教職員に周知し**、ハラスメント行為の自覚を促す研修を行ったり、教職員の言動を日常的に把握することを通して、「ハラスメント0（ゼロ）」の学校体制をめざす必要があります。

(3) 様々な危機に対応できるようシミュレーションをしておく

今回のケースでは、教職員の動画が投稿されて炎上するという想定外の事態が発生したため、校長が冷静さを失ってしまい、具体的な対応を迅速に行うことができず、事態収拾が難しくなってしまいました。

そこで校長は、**全国の学校で発生している事例は自校でも発生する可能性がある**という意識をもち、様々な危機管理のシミュレーションを行い、万が一発生した場合には、**学校の責任者として冷静に対応できるようにしておく**必要があります。とくにSNS等が普及している現在、学校の情報が投稿・拡散されて社会問題にまで発展することも想定されます。教師の不適切な言動などの「投稿内容への対応」と、書き込み削除などの「ネットへの対応」に分けて対応策を準備しておくことが重要です。

また、ネット上の炎上への対応については、教育委員会や弁護士などの専門家との連携も必要ですので、連絡体制を構築しておくことが重要です。

*

現在では、校内の様々な場面がネット上に投稿され拡散する可能性があります。管理職はそうならないように、日頃から生徒・保護者との信頼関係を築くことに細心の配慮をして学校経営を行う必要があります。もし発生してしまった場合には、教育委員会と連携して冷静に対応することが重要です。

⑥ 教師間の
パワハラが発覚した

今回の失敗事例

　ある中学校に数学の若いA教諭が異動してきたので、校長は3年の副担任をお願いした。

　4月下旬、職員室で数学のB教諭がA教諭に対して「『授業がわからない』と生徒が訴えに来ている」ときつい口調で叱責しているのを、教頭は黙って聞いていた。その後、B教諭はA教諭の授業を見に行き、生徒がいる前で「こんな授業ではだめだ」とA教諭を注意した。

　3年の学年主任のC教諭は、A教諭が作成した進路だよりに誤りがあったことから、「もうあなたには任せられない」と職員室で大きな声で言い、進路に関する分担を外した。学年主任から報告を受けた教頭は、A教諭を呼び、自席の前に立たせ「あなたの仕事はなっていない」と大きな声で叱り、机を叩いた。その後、A教諭への指導について校長に報告した。

　ある朝、A教諭から「もう耐えられない。医師から『休みなさい』と言われたので休みます」という電話があり、校長は事態の重さを初めて知った。

管理職の対応、ここが問題！

(1) **人前での人格を否定するような叱責が容認されている**

　今回のケースでは、B教諭からA教諭に対して職員室で叱責するだけでなく、授業中の生徒がいる前で「こんな授業ではだめだ」と人格否定のような注意をしています。

　また、学年主任のC教諭は、職員室で他の職員にも聞こえる中で一方的な叱責を行い、進路に関する分担も外しました。さらに教頭は、これらの言動

を黙認しています。

　そのため、Ａ教諭はどうしてよいかわからなくなり、メンタルヘルスの不調をきたしてしまったのです。

➡ では、どうすればよかったのか！

　教頭は、職員室内のＢ教諭の言動を聞いた時点で、**人前で大きな声で叱責したり、人格を否定するようなことを言ったりしてはいけないこと**を、Ｂ教諭に指導する必要がありました。

　「授業がわからない」と生徒が言っているのであれば、Ａ教諭から話を聞き、**授業の工夫について相談にのってあげる**必要があります。

　また、Ｃ教諭から報告を受けたときにも、教頭はＣ教諭による不適切な指導の方法や内容を指摘したうえで、**書類作成等のミスを防ぐための具体的な指導を丁寧にしていく重要性を理解させる**必要がありました。

　そのうえで、Ａ教諭には、相談したいことについてはいつでも**支援や助言を行うことを約束する**ことが大切です。

(2)　教頭にパワハラの意識や自覚がない

　「教頭は、Ａ教諭を呼び、自席の前に立たせ『あなたの仕事はなっていない』と大きな声で叱り、机を叩いた」とあります。

　教頭は、管理職として教職員間のパワーハラスメントを防止する立場でありながら、**自身の言動がパワハラであることを自覚せず**に、Ａ教諭の人格を否定するような言動や、机を叩いて威嚇するような言動を行い、自ら当事者になっています。これによりＡ教諭の精神的な苦痛は増大し、病院に通院せざるを得ない結果を招いてしまったのです。

➡ では、どうすればよかったのか！

　教頭は、校内のハラスメント防止を推進する要の立場にあります。

　そのため、教頭はＡ教諭の授業の状況や分掌業務の状況を知った時点で、何が問題となっているかを分析し、具体的かつ丁寧な指導や助言を行い、Ａ教諭が自身の**授業や校務分掌の課題を自覚して、段階的に解決していける道筋をつけてあげる**ような支援を行うことが必要でした。

(3)　校長のハラスメントへの危機意識が希薄

　校長は、Ａ教諭からの「もう耐えられない」という電話を受けて、初めて

事態の重さに気づいています。

　校長は職場環境を整える責任者として、教職員のハラスメント防止の意識を高め、自ら相談を受ける立場にあります。しかし今回のケースでは、**校長の危機意識が低かった**ため、教職員にハラスメント防止の意識が浸透しておらず、教員間や教頭によるパワハラが度々発生してしまったのです。

　さらに、**校長による教職員間の日常的な言動の把握も不十分**で、A教諭の深刻な状況を把握していませんでした。

⇨ では、どうすればよかったのか！

　校長は、教職員がその能力を発揮し、働きがいのある職場環境を整備するため、日常的に教職員間の言動に注意を払うなど、ハラスメント防止に関して必要な措置を講じ、**ハラスメントが行われていないかチェックする**必要がありました。さらに、教科指導や生徒指導などに課題がある教員については、**個別に面談を行い**、**丁寧に指導を行う**ことも大切です。

　また、A教諭はすでに通院していますので、校長はA教諭からの訴えを真摯に聴き、教育委員会に速やかに報告して、精神的ケアを第一に考えた支援を行い、**職場復帰に向けた校内環境を整える**必要があります。

再発防止に向けた取組方策

⑴　管理職の責務を自覚し、職場のパワハラ防止意識を高める

　今回のケースでは、ハラスメント防止の責任者である校長の危機意識が希薄だったため、パワハラを止めることができませんでした。

　そこで、校長はパワハラの具体的な言動例を学び、**自身の言動がパワハラにあたらないか日々顧みることを習慣づける**必要があります。

　そのうえで、教頭やB・C教諭に対しては今回の言動を注意したうえで、自身が学んだ内容等をともに学び、パワハラへの意識を改善させます。

　全教職員に対しても臨時の研修会を早急に実施し、パワハラの具体的な言動例や行ってはならない旨の方針を明確に周知し、教職員が自身の言動を日々顧みることを習慣づけさせ、パワハラ防止を具現化することが必要です。

⑵　パワハラに気づいたときの相談・報告体制を確立する

　今回のケースでは、教員間のパワハラが行われ、教頭を含めそれを止める教職員もいない状況があり、繰り返し行われる結果となりました。

①校長・教頭は、具体的な言動例等を学んでパワハラ防止の意識を高め、研修等によりそれらの意識を全教職員と共有する！

②パワハラが発生した際には、速やかに校長に相談・報告する体制を整え、相談・報告があれば迅速に対処することを伝える！

③パワハラの再発防止の体制をつくったうえで、A教諭が安心して職場復帰できるような校内環境を整える！

　そこで、校長は今回のケースを検証し、万が一、ハラスメントを受けたり、目撃したりした場合には、**速やかに校長に相談・報告する体制を整えること**が重要です。⑴の臨時の研修会では、パワハラは職場全体の問題であるとの認識を示し、パワハラについて早急に校長に相談・報告すること、相談・報告があれば校長が迅速に対処することも伝えます。

　また、相談や報告を待つだけでなく、**教職員間の日常的な言動を把握するよう努めること**も重要です。

　これらのことにより、全教職員が互いに人格や尊厳を傷つけることなく、気軽に相談しやすい雰囲気の中でコミュニケーションが行われるように配慮し、教職員相互の信頼関係を再構築する必要があります。

⑶　**安心して職場復帰できる校内環境を整える**

　今回のケースでは、学校のハラスメント防止の体制は崩れており、A教諭が復帰することも難しい状況にあります。

　A教諭から電話を受けた校長は、教育委員会やA教諭の担当医師とも連携し、メンタルヘルスのケアを最優先にして、心理的負担を取り除くことが大切です。また、A教諭のメンタル面での支援を行うとともに、⑴⑵のような再発防止の体制をつくり、**A教諭が安心して職場復帰できるような校内環境を整える必要があります。**

＊

　良好な教育環境は、教職員相互の協力の下に形成されます。そのため、校長は、労働施策総合推進法や教育委員会からの通知などを基にしたパワーハラスメント防止の措置を講じ、教職員の尊厳、人格、心身の健康を守り、教職員が能力を十分に発揮できる職場環境を整えなければなりません。

6章　校長・教頭に求められる対応力

⑦ 給食時に
アナフィラキシーが発生した

今回の失敗事例

　小学校１年生の入学後初めての給食時に、担任は給食当番の指導など
を行い、補助教員が牛乳を配付して回った。「いただきます」の数分後に、
牛乳アレルギーのあるＡ児がぐったりとしてしまい、床に横になってし
まった。Ａ児の机上に牛乳が配膳されているのを見た担任は、食物アレ
ルギーかもしれないと考え、すぐに隣の学級の担任に助けを求めた。

　連絡を受けた教頭は、職員室から教室に向かい、Ａ児を抱きかかえて
別の階の保健室へ運び、校長室にいる校長に連絡をした。Ａ児の様子を
確認した校長は、教頭には救急車要請を、担任には保護者への連絡を指
示した。Ａ児がエピペンを持参していることを養護教諭から聞いたが、
救急車も来るし保護者も来るだろうからと、使用することをためらった。

　救急車が到着し、病院へ搬送してもらった。しばらくして、Ａ児に同
行した教頭から校長に連絡があり「症状は落ち着いてきた」とのことだ
った。

管理職の対応、ここが問題！

⑴　教職員への情報の伝達・確認不足があった

　「担任は給食当番の指導などを行い、補助教員が牛乳を配付して回った」
とあります。誤食の原因は、**補助教員がＡ児の食物アレルギーを知らずに牛
乳を誤配してしまったこと**と、**担任が食物アレルギーのあるＡ児の配膳を確
認しなかったこと**の、二重のミスによるものです。

　学校としては、事前に食物アレルギー対応の対象者の把握と対応方法（除
去）の決定などを行っていたはずですが、教職員間の情報の共有および担任
の確認不足により、牛乳の誤配・誤食の事故が発生してしまいました。

　今回のケースが発生するのは、学校全体の食物アレルギー防止対策、とくに教職員間の情報共有と、対応食の配膳確認の体制が整っていなかったからです。そこで、食物アレルギーのあるＡ児の牛乳を除去することを、事前に**担任と補助教員の双方で確認しておくことが必要です**。

　そのためには、管理職が栄養士に指示し、朝の職員会議でその日の対象児童と原因物質を全職員に周知するとともに、その時間にまだ出勤していない補助教員には、伝達カードに記載しておく、出勤時に教頭等が確認するなど、**確実に伝達できる体制にしておく**必要がありました。

　また、配膳後は、担任による指さし・声出し確認を行った後に食事を開始することを徹底させ、誤配・誤食を防ぐ体制をつくっておくことも重要です。

(2) 児童を動かし、エピペン注射をためらった

　教頭はＡ児を抱きかかえて別の階の保健室へ運び、校長はエピペンを使用することをためらった、とあります。

　緊急性が高いアレルギー症状がみられるときに**児童を動かしてはいけません**。教頭は保健室へ連れて行きましたが、重症化する可能性もありました。

　また、校長はＡ児がエピペンを持参していることを養護教諭から聞きながら、エピペンの使用をためらってしまいました。

　児童が床でぐったりして横になり意識がもうろうとしているのを見た場合、血圧が低下している可能性があるため、その場で仰向けにして足を少し高くさせます。そして安静を確保するには、児童を動かすのではなく、かけつけた職員に指示して、周りの児童を別の教室に静かに移動させます。

　また、校長は入学前にＡ児の保護者と面談し、エピペンの使用についても確認しているはずです。緊急性が高いアレルギー症状であると判断された場合には医師法違反とはなりませんので、**躊躇せず養護教諭にエピペンを打つことを指示するか、自身でエピペンを打つ**必要がありました。

　その後、Ａ児を動かさずにその場で救急車を待ちます。症状がさらに重くなる場合のことを想定して、心肺蘇生やAEDの準備も迅速に行います。

(3) 校長・教頭が給食準備時の確認を怠っていた

「連絡を受けた教頭は、職員室から教室に向かい」「校長室にいる校長に連絡をした」とあります。

新1年生の初めての給食の日にもかかわらず、**管理職が教室に出向いて事故防止に向けた支援と点検を行っていませんでした。**

誤配による誤食を防ぐ責任は管理職にあります。食物アレルギーのある児童への対応を担任に任せたままにして、管理職が点検を直接行わなかったので、誤配・誤食を未然に防ぐという職責を果たすことができませんでした。

⇨ では、どうすればよかったのか！

給食時の担任は、配膳台の準備、給食当番の指導、食物アレルギーへの配慮など様々な対応をしなければなりません。4月の給食開始当初には、教師と児童がお互いに不慣れであり、**思わぬミスが発生する可能性があります。**

そのため、校長・教頭は、その日の献立と食物アレルギー対応のある児童の状況を、給食準備の時間までに把握しておく必要があります。

そして、給食準備の時間には、**最初に1年生の教室に行き、食物アレルギー対応の必要のある児童の配膳の状況や食事の様子を担任と共に確認し、食物アレルギー防止の徹底を図ります。**

その後、他学年の教室を見回り、全学年の食物アレルギーのある児童の配膳と食事の様子を直接、確認してから職員室に戻ることが重要です。

再発防止に向けた取組方策

(1) 食物アレルギー対応に関する情報共有の見直しを行う

今回のケースでは、担任と補助教員との間で情報の共有が行われず、担任が配膳の確認をしなかったために、誤配・誤食が生じてしまいました。

そこで校長は、今回のケースを検証したうえで、食物アレルギー対応の実施体制の見直しを図ります。食物アレルギー対応委員会を開催し、**教職員間の情報共有の方法の見直し**を行い、全教職員に周知します。

そして、担任による対応食の直接手渡しを確実に行わせ、担任が不在のときも、サポートに入る教職員が担任と同様に食物アレルギーの内容等を把握して対応できる体制をつくり、誤食を全学級で防止させます。

(2) シミュレーション研修を通じて冷静な対応を可能にする

今回のケースでは、アナフィラキシー発症の連絡を受けて慌てたためか、

今回の失敗事例に学ぶこと

①食物アレルギー対応に関する情報を、補助教員も含め、全教職員に伝達できる体制をつくっておく!

②エピペンの使用も含めたシミュレーション研修を行っておき、アナフィラキシー発生時にも冷静に対応できるように備えておく!

③給食準備時に、校長・教頭が自ら校内を巡視してチェックする!

管理職が不適切な対応をとってしまいました。

そこで、校長・教頭は今回の対応の反省をしたうえで、食物アレルギーの過去の事故例やヒヤリハット事例を参考にして、**緊急時の対応マニュアルの見直しを行い**、教職員に周知し、職員室や教室に掲示もしておきます。

さらに、エピペンの使用も含め、**アナフィラキシー発症を想定したシミュレーション研修を定期的に行い**、管理職を含めた全教職員の対応能力を高めておくことが重要です。

こうしたシミュレーション研修を行うことで、校長はアナフィラキシーが発生した場合にも、責任者として冷静かつ適切な判断や指示をできるようにしておく必要があります。

(3) 管理職が自ら校内を巡視しチェックする

今回のケースでは、校長・教頭が給食時に教室で直接点検をせず、担任と補助教員に任せてしまったために、食物アレルギーの事故を未然に防ぐことができませんでした。

管理職が危機意識をもち、教室に行って食物アレルギーのある児童の配膳方法などの確認を行っていたら、誤配・誤食は未然に防げたはずです。

そこで、とくに4月の給食開始当初は、管理職が毎日の献立とアレルギー対応の児童を確認し、**給食準備の時間には校内を巡視し、食物アレルギー対応が実施されているのか**をチェックしにいくことが重要です。

*

食物アレルギーのある児童生徒への給食の提供は、安全性を最優先とします。そのためには、「**学校給食における食物アレルギー対応指針（文部科学省）**」などに基づき、管理職のリーダーシップにより、予防的対応と緊急時の対応の体制を確立し、全教職員で取り組むことが重要です。

⑧ 放課後に子どもの怪我の対応の不備を指摘された

今回の失敗事例

　運動会のリレーの練習中に生徒が転んで右手を地面についてしまった。生徒が保健室に行ったところ、養護教諭は「少し腫れているから湿布しておきます。家に帰っても痛かったら病院に行きなさい」と言って、湿布をして校庭に戻した。練習が終わり、職員室で養護教諭が担任にこのことを話しているのを教頭は自席で聞いていたが、詳細を確認することはしなかった。

　その日の夕方、生徒の保護者から校長に電話があり、「学校から帰ってきたら『運動会の練習で転んで手が痛くて動かせない』と言うので、病院に連れていったところ骨折をしていた。これから受験もあるというのに右手を怪我してしまった。すぐに病院に連れていってくれなかったし保護者への連絡もなかった。教頭にも電話したがよくわかっていなかった」と言ってきた。

　校長は事情を知らなかったので、「担任に話しておきます」と言ったところ、「そんな対応しかしないのか。教育委員会に訴える」と憤慨した。

管理職の対応、ここが問題！

⑴　**教頭が事故の詳細の確認を怠ったため、事故対応が不十分となった**

　「練習が終わり、職員室で養護教諭が担任にこのことを話しているのを教頭は聞いていたが、詳細を確認することはしなかった」とあります。

　忙しかったためか、教頭は**生徒が怪我したことを知りながら、詳細な聴き取りを行いません**でした。その結果、事故発生後の担任の不十分な対応を補うことができませんでした。

　そして、学校がすぐに病院で診察を受けさせなかったことと、保護者への

連絡をしなかったことにより、保護者は校長に苦情の電話をしてきたのです。

⇨ では、どうすればよかったか！

教頭が職員室で養護教諭と担任の会話を聞いた場合、すぐに怪我の状況、事故発生時の状況、事故後の対応、保護者への連絡の有無などの**聴き取りを行う**必要があります。

保護者への連絡をしていない場合は、**すぐに保護者への連絡**を担任と養護教諭からさせて、**帰宅後の怪我の状況についても確認**させましょう。

なお、教頭は事故の状況を迅速に校長に報告し、事故の状況によっては管理職から保護者に対して謝罪の電話をすることも必要です。さらに、学校事故については教育委員会への報告もあるので、記録をつけておきます。

(2) 事故発生時に、すぐ管理職に報告・連絡・相談・確認するという体制ができていなかった

「教頭は、詳細を確認することはしなかった」「校長は事情を知らなかった」とあります。

どの学校にも、事故発生時の対応マニュアルがあるはずで、この学校にもあったことでしょう。ですが、本事例では**それらに基づく適切な対応や連絡がなされません**でした。

養護教諭は管理職に直接報告をせず、担任は保護者に連絡をしていません。そして、保護者が学校に電話をしたところ、校長が事故のことを把握していないことがわかり、学校への不信感が一気に高まってしまったのです。

⇨ では、どうすればよかったか！

事故が発生したら、担任または養護教諭は**管理職にすぐに報告**をしなければなりません。また、教頭は、負傷事故の会話を職員室で聞いた場合、詳細な聴き取りを行い、**校長に報告を行う**必要があります。

病院で診察させるかの判断が難しいケースはありますが、今回のように**帰宅後に悪化する可能性**が十分にあるので、必ず担任と養護教諭から保護者に連絡させて、帰宅後の怪我の状況の確認を行うようにします。

(3) 校長が学校の体制不備の問題と保護者の心情を理解できていなかった

「校長は『担任に話しておきます』と言った」とあります。

保護者は、子どもが運動会の練習中に怪我をしただけでも辛い気持ちにな

るのに、学校の対応や連絡が不十分なことに不信感を抱いています。

　そして、学校対応の不手際の謝罪と今後の取組や方向性を示してくれるものと考えて電話をしたにもかかわらず、**責任者である校長が事故を把握していない**ことがわかり、不信感が倍増しました。

　そこに、校長が謝罪もないままに、担任まかせにしてしまおうと感じさせる発言をしたことで、**誠意がまったくない**と怒りを感じ、教育委員会に訴えることを考えざるを得ない状況に追い込まれてしまったのです。

⇨ では、どうすればよかったか！

　保護者の心情を汲み取って丁寧に対応することが大切です。本事例のように、仮に校長や教頭が事故の状況を知らなかったとしても、保護者の話を聞けば理解できるはずです。

　学校で事故が発生したことや対応の不備を謝罪し、怪我をした生徒への今後の支援についての説明と約束をし、保護者の理解を得ることが大切です。

　校長や教頭は、保護者からの訴えには常に真摯に応えるという姿勢をもち、誠実かつ臨機応変に対応し、校内で起きたすべての課題に管理職として謝罪し、迅速に解決する姿勢を示さなければなりません。

再発防止に向けた取組方策

(1) 学校体制上の課題解決と再発防止に取り組む

　今回の事故を受けて、校長として学校の事故発生時の体制不備を反省したうえで、教頭・養護教諭・担任から事故発生時の状況、事故後の対応などを聴き取り、課題について指導を行います。

　そして、事故の内容や対応上の課題について**全教職員に説明**し、事故防止策と事故発生時の行動マニュアルの徹底などを周知し、再発防止に取り組む必要があります。

(2) 指針や行動マニュアルを見直し、**学校事故の防止と対応の徹底を図る**

　今回のケースでは、学校事故に関する指針や行動マニュアルが適切に機能していませんでした。

　そこで、校長は学校経営計画に学校事故の防止を明記し、学校事故に関する指針や行動マニュアルを見直したうえで、**徹底を図る**必要があります。

　そのため、施設の安全点検、安全教育の充実、事故事例の共有、事故防止

①学校事故の未然防止および事故発生時の対応について、指針や行動マニュアルを見直し、防止対策および的確な対応の徹底を図る！

②学校事故に関する、校内の全教職員による報告・連絡・相談・確認の実施体制を確立する！

③保護者からの学校事故に関する訴えについては、管理職として常に真摯に受け止め、迅速に対応を行い、課題解決と再発防止を行う！

への未然の対策、事故発生時の対応などについて、教職員に具体的に周知します。大切なことは、指針やマニュアルを見直して終わりではなく、それらに基づいた行動が全教育活動において、**いつでも誰でもができるように**研修や訓練を行うことです。

また、事故発生時には管理職としてのすばやく的確な判断と対応が求められますので、日頃から様々な事故発生のケースを想定してのシミュレーションを行い、校長と教頭とで共通理解しておく必要があります。

(3) **学校事故に関する報告・連絡・相談・確認の実施体制を確立する**

今回のケースでは、校内の情報伝達が組織的に機能していなかったため、事故発生時に的確な対応ができずに、怪我の状況が悪化したり、保護者の不信感を招くことになりました。

そのため、校長は学校経営計画に校内の情報伝達（報告・連絡・相談・確認）の徹底を掲げ、全教職員の意識を高めておくことが必要です。

とくに危機管理に関すること（事故発生や苦情等）については、**発生や発覚した直後に校長・教頭に報告することを義務づけ**ておきます。何か課題が生じたときには、管理職は具体例をあげて教職員に指導するようにします。

*

学校にとって事故防止と事故発生時の的確な対応は、重大な責務です。

日頃から事故防止に関する基本指針や事故発生時の行動マニュアルを明確にし、万一事故が発生したときにはいつでも誰でもが的確で迅速な対応を行えるようにしておく必要があります。

そして、管理職は常に危機意識をもち、事故発生時にはリーダーシップを発揮して判断・指示することが大切です。

6章 校長・教頭に求められる対応力

231

⑨ 授業参観の予定日に 大雨の予報が出された

今回の失敗事例

　Ａ中学校では、「午前６時の時点で大雨特別警報が出ている場合は、臨時休業とする。大雨警報等の場合は、状況により判断し、緊急配信メールにて連絡する」と決めており、４月に保護者に通知していた。

　５月中旬の土曜日に授業参観を予定しており、木曜日の気象情報では、週末はところにより大雨に警戒が必要ということであった。校長は、天気は不確定なので予定通り授業参観を実施することを決め、金曜日に担任から生徒に周知させた。

　土曜日の早朝、大雨警報が出て、交通機関の一部は運転を取りやめた。校長は自転車で学校に向かい、８時に学校に到着したところ、すでに生徒数十名が全身濡れた状態で登校しており、教職員のほとんどは出勤できずにいた。校長は、授業を２時間遅れとすることを決定し、保護者に連絡をしたが、メールを読めない保護者が多くいた。さらに、窓の隙間から雨が職員室に大量に吹き込んだり、バルコニーから教室へ浸水したりという被害が発生した。

管理職の対応、ここが問題！

(1) 校長が大雨の影響や危険性を軽視した

　「校長は、天気は不確定なので予定通り授業参観を実施することを決め」とあります。

　木曜日の時点で「大雨に警戒が必要」という予報があったにもかかわらず、校長は当日に大雨となる可能性や交通機関等への影響を低く見積もり、授業参観を予定通りに実施することを決め、大雨時の対応を保護者に連絡していませんでした。

しかし、当日の早朝に大雨警報が発表され、交通機関の一部が運転を取りやめたため、生徒や教職員の通学・通勤に影響が出るなど大きな混乱を招いてしまいました。

⇨ では、どうすればよかったのか！

本来であれば、大雨に警戒が必要との予報が出た木曜日に、その危険性を予測し、生徒や教職員の安全を最優先に考え、**災害リスクを想定した対応の見通し**（自宅待機や始業時刻を遅らせることがある）を立てておく必要がありました。

もし予定通りに授業参観を実施するにしても、**大雨となった場合の対応は少なくとも金曜日の朝までに決定**し、生徒・保護者になるべく早く確実に連絡しておく必要がありました。

(2) 危機管理マニュアルの記載内容が不十分だった

A中学校では、「大雨警報等の場合は、状況により判断し、緊急配信メールにて連絡する」と決めていたとあります。

このことから、A中学校の危機管理マニュアルには、大雨特別警報については臨時休業とすることが書かれていても、それ以外の大雨への対応については明記されていなかったことが予想されます。

校長はこのルールに基づき、大雨警報が出された当日に始業を2時間遅らせるという判断をしましたが、8時過ぎになってからの連絡となったため周知が不徹底となり、生徒・保護者・教職員を大きく混乱させてしまいました。

⇨ では、どうすればよかったのか！

前述したように、当日に大雨となった場合の対応は、少なくとも前日の朝までに決定し、生徒・保護者に連絡しておかなければなりません。

そのためには、大雨特別警報以外の**大雨時の対応**についても、**危機管理マニュアルに明記**しておく必要がありました。

その対応方針に基づき、たとえば「**①午前6時の時点で大雨警報が出ている場合や交通機関が運休している場合**は、自宅待機とします。その場合、登校時刻などについては、午前8時に緊急配信メールにて連絡し、ホームページに掲載します。②大雨警報が出ていなくても、**登校に影響があるような大雨の場合**には、保護者の判断で登校を見合わせてください」などを明記し、文書配付・メール配信・学校HPなどの方法で、なるべく早く周知しておくべきでした。

(3) 大雨の被害を予測した点検や対策を事前に行わなかった

「窓の隙間から雨が職員室に大量に吹き込んだり、バルコニーから教室へ浸水したりという被害が発生した」とあります。

大雨に警戒が必要という予報が出たにもかかわらず、校長・教頭は大雨を想定した施設・設備の点検や浸水防止などの対策を行っていませんでした。

そのため、職員室内への雨の吹き込みやバルコニーからの教室への浸水が発生し、学校の施設・設備に被害が発生してしまいました。

⇨ では、どうすればよかったのか！

今回は、木曜日の時点で週末の大雨の予測ができたのですから、**雨どいや側溝の詰まり**がないか点検したり、屋上やバルコニーの**排水口や排水溝の清掃**を行ったり、雨の吹き込みや雨水の侵入がないように**出入り口や窓**をしっかり**閉鎖**したり、浸水のおそれがある低層階などでは、必要に応じて**土のうや止水板を設置**したりするなどの対策が必要でした。

また、**職員室**には防災・防犯設備、重要書類、PCなどがあり、これらを雨水から守るために、とくに戸締りを厳重にしておくことが重要です。

再発防止に向けた取組方策

(1) 児童生徒の安全確保を第一とした判断を行う

今回のケースでは、校長が大雨に警戒が必要という情報を得たにもかかわらず、生徒の安全を最優先とする対応を迅速に行わず、当日の朝に始業時刻を遅らせて自宅待機とする決定をしたために混乱を招いてしまいました。

自然災害（大雨・台風・大雪・洪水・津波・地震等）への対応は、**児童生徒の生命を守り**、**安全確保を最優先**として考えなければなりません。

そこで、校長は、教頭とともに様々な自然災害を想定した対応のシミュレーションを行い、万が一自然災害が想定される場合には、学校の責任者として**様々な状況に応じた対応を早めに決定**し、児童生徒の安全確保を確実に行うことができるようにしておく必要があります。

(2) マニュアルを見直し対応策を全教職員が実施できるようにする

今回のケースでは、始業時刻の繰り下げの判断が当日の朝になってしまい、混乱を招いてしまいました。

そこで、校長は、学校安全計画や**危機管理マニュアル**などを見直し、大雨

①様々な自然災害を想定したシミュレーションを行い、万が一の場合には、児童生徒の安全確保を第一とした対応を早めに決定する！

②自然災害の様々な状況を想定して危機管理マニュアルを見直し、校内研修や避難訓練を行うなどして、対応策を全教職員が実施できるようにする！

③自然災害の予報や情報を得た場合には、被害が予想される箇所の点検や対策を事前に行う！

などの様々な災害を想定した**タイムライン**も作成して、校内研修などを行い**全教職員で実施する体制**を確立することが大切です。

　なお、地域によって災害リスクは異なるので、自治体作成のハザードマップ・通学路の危険箇所などを改めて把握する必要があります。そのうえで、教育委員会や近隣の学校とも連携して対応の判断基準を作成し、万が一の場合は、保護者に迅速に連絡できる体制を整えておく必要があります。

(3)　**自然災害の被害予測に基づき、事前に点検や対策を行う**

　今回のケースでは、管理職が大雨により起こりえる学校施設・設備の被害を想定した点検や対応を行わなかったために、窓からの職員室への雨水の吹き込みや教室への浸水などの被害が発生してしまいました。

　そこで、大雨を含む様々な自然災害を想定した施設・設備の点検や被害防止の対策を確実に行えるようにする必要があります。

　大雨などの自然災害が想定されるような気象情報を得た場合には、**緊急的に全教職員で施設・設備の点検**を行い、浸水や雨水の吹き込みなどの**被害が発生しないような対策**を組織的に行うことが重要です。

　そのためには、校舎・敷地内における点検チェック表を作成し、全教職員による組織的な点検を定期的に行っておくことが大切です。

＊

　自然災害によって登下校時に危険が予測される場合は、児童生徒の安全を確保するために臨時休業・自宅待機・学校待機等の措置をとることが求められます。その際、管理職は、正確な気象情報・交通機関の運行情報などを収集し、教育委員会や近隣校とも連携して適切に判断することが重要です。

6章　校長・教頭に求められる対応力

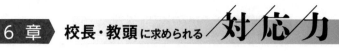

⑩ 保護者から
　成績の説明を求められた

今回の失敗事例

　１学期の終業式の日に通知表を配付した翌日、中学校３年の保護者から教頭に電話があり「通知表が変わったが、説明がほとんどなくて評価方法がよくわからなかった。理科の成績が２段階下がったのは納得がいかない。志望校に合格できなくなってしまう」と訴えてきた。理科の教員は４月に他校から異動してきた教員であった。教頭が理科の教員に伝えると「テストが悪かったから仕方ない。今まで評価のことで指摘されたことはない」と言われた。

　教頭は翌週になって「評価方法については４月の保護者会で説明してあり、きちんとつけています」と保護者に連絡したところ「そんな説明では納得できない。校長から説明してほしい」と強く言われた。

　教頭はこの時点で評価方法や評価結果について詳細な説明が必要と判断し、校長に報告した。校長は理科の教員を呼び、評価方法や評価に活用した資料や記録を確認したところ、実験レポートの評価の一部が入力されておらず、観点別学習状況の評価および評定の修正が必要であることがわかった。

管理職の対応、ここが問題！

(1)　学習評価についての情報提供が不足していた

　受験生である中学３年生の保護者が、通知表の成績が下がったことで、評価方法に不信を抱き、問い合わせをしてきました。

　保護者からの電話のなかで、「通知表が変わったが、説明がほとんどなくて評価方法がよくわからなかった」とあります。

　小学校は2020年度、中学校は2021年度に新学習指導要領が全面実施され、

学習評価の観点が4観点から3観点に変わりました。

　4月の保護者会は多数の連絡事項がありますので、そのなかの一つとして学習評価について説明しても、保護者には理解しにくいものです。

⇨ では、どうすればよかったのか！

　学習評価をどのように行うのかという情報は、4月の保護者会だけでなく、別の機会に説明会を設けて丁寧に説明し、通知表を配付する前にも文書等で**生徒・保護者に改めて周知しておく必要がありました**。

　さらに生徒に対しては、学習意欲を喚起し、学習の見通しをもたせるために、学習課題を提示する際には評価の観点や評価規準を示すことなどを、普段から教員に伝えていくことが大切です。

(2)　**学習評価のチェック体制が不十分であった**

　「実験レポートの評価の一部が入力されておらず、観点別学習状況の評価および評定の修正が必要であることがわかった」とあります。

　本来であれば学習評価については、教員自身による複数回の点検、その後、同一教科や同学年の教員同士、学年主任や教務主任などによる確認、管理職による最終確認を行い、ミスを未然に防ぐ必要がありました。

　今回のケースでは、担当教科の教員の点検が不十分だったことと、教師間で組織的に確認したり、管理職が最終確認したりする体制を整えていなかったため、**ミスを防ぐという管理職の職責**を果たすことができませんでした。

⇨ では、どうすればよかったのか！

　中学校の場合、学習評価は教科担当が作成しますが、「学校で定めた評価の方針」や「指導と評価の計画」に基づいた評価となっているかを、担当教員が自身で検証し、さらに同一教科の教員、学年担当の教員、教務部などで**確認する体制を整えておく必要がありました**。

　最終的には、校長・教頭で全学年・全教科の観点別評価・評定を確認し、それを通知表として生徒に渡すようにします。とくに今回は2段階下がったのですから、校長・教頭は、**担当教員を呼んで評価の根拠となるデータと照らし合わせ、確認しておくことが必要でした**。

(3)　**成績への問い合わせへの対応を的確に行わなかった**

　保護者から「理科の成績が2段階下がったのは納得がいかない」「そんな

説明では納得できない」と言われたとあります。

　担当教員が替わったことにより評価方法が変わり理科の成績が下がったのではないかという、評価の妥当性への疑問をもって問い合わせをしたにもかかわらず、教頭は、理科の評価のデータをすぐに確認せず、評価の根拠となるデータなどについての保護者への説明をすぐに行っていません。

　そのため、保護者の疑問は解決できずにいて、学校の評価そのものに対する不信感と入試への不安が増大してしまいました。

⇨ **では、どうすればよかったのか！**

　理科だけ成績が２段階下がったのであれば、何か手違いがあった可能性もあります。教頭はすぐに校長に報告したうえで、担当教員に聞くだけでなく、**評価に活用した資料や具体的な記録、総括方法と評定を確認すべき**でした。

　今回のケースでは、データの入力ミスがあったので修正が必要です。

　保護者への説明はなるべく早く行い、担当教員だけでなく校長・教頭も同席して入力ミスをお詫びし、修正した評価を示します。その後、質問に答え、納得していただけるように丁寧に対応します。

　さらに、他の生徒の評価についても同様のミスがなかったかを確認することも必要です。

再発防止に向けた取組方策

(1)　**改めて生徒・保護者に学習評価についての説明を行う**

　今回のケースでは、学習評価についての説明を十分に行わなかったために、評価が妥当なのかについて不信感を生じさせてしまいました。

　そこで、校長は今回のケースを検証したうえで、２学期の初めに生徒・保護者向けの**学習評価説明会**を改めて開催します。そのための準備として、校長は夏季休業中に、説明会の趣旨を教職員に周知したうえで、説明会で配付する「学習評価の方針」「観点別学習状況の評価方法」「評定への総括方法」「各教科の指導と評価の計画」などの見直しを指示します。

　さらに、２学期の最初の授業において、**各教科担当から２学期の評価方法について説明をさせ**、生徒自身の理解をより一層深めさせることも大切です。

(2)　**学習評価に組織的・計画的に取り組める体制をつくる**

　今回のケースでは評価のチェック体制、とくに管理職によるチェックが不

> ① 4月の保護者会だけでなく、学習評価説明会の機会や通知表の配付前などに、生徒・保護者に学習評価についての説明を丁寧に行う！
>
> ② 担当教員だけでなく、複数の目で評価結果をチェックし、最終的には校長・教頭が確認する体制をつくる！
>
> ③ データの再確認を行うなど、学習評価に疑問の声があった場合の対応方針を明確にし、迅速に対応できる体制を確立する！

十分であったために、生徒・保護者の信頼を損ねる結果となってしまいました。

　そこで校長は、指導と評価の一体化はカリキュラム・マネジメントにおいて重要な役割を果たすことを念頭に置き、今回の課題を整理して、評価の方針・方法・説明責任などについて教職員の共通理解を再度図ります。

　そして、校長のリーダーシップの下、担当教科や経験年数にかかわらず共通の認識をもって評価を行い、教師間で評価結果を確認し、最終的には管理職が確認するという、**学習評価に組織的・計画的に取り組める体制**をつくることが重要です。

⑶　学習評価への疑問の声に迅速に対応する学校体制を確立する

　今回のケースでは、成績についての説明を求められたにもかかわらず、根拠となるデータをもとにした説明を迅速に行わなかったために、保護者が不信感を募らせる結果となりました。

　そこで、校長・教頭がデータの再確認を行うなど、改めて**対応の方針を明確**にし、職員会議において教職員に周知することが必要です。

　とくに、評価結果について詳細な説明が必要となった場合には、担当教員だけでなく、**校長・教頭が同席して丁寧に説明する**体制を確立しておくことが重要です。

＊

　とくに中学校では、生徒・保護者の成績に対する関心は高く、学校は、妥当性と信頼性のある評価を行うことが求められています。

　そのためには、「『指導と評価の一体化』のための学習評価に関する参考資料（文部科学省・国立教育政策研究所）」などに基づき、信頼される学習評価を行う体制を確立することが重要です。

「合格体験記」お待ちしています！

随時募集中

『学校管理職合格セミナー』では、管理職選考に合格された先生方の「合格体験記」を大募集しています。採用原稿は小誌に掲載し、謝礼を謹呈いたします。これから管理職をめざされる先生方のため、ぜひ“合格の秘訣”をお教えください。原稿をお待ちしております！

募集内容

①いつから勉強を始めたか　②何について勉強したか　③どうやって勉強したか　④管理職をめざしている方へのアドバイスやメッセージ

上記の４点について、小社ホームページ送信フォームからご投稿ください。

トップページ＞管理職選考情報＞学校管理職合格セミナーのご案内

■原稿を掲載させていただいた方には、図書カード3,000円分と掲載誌をお送りします。
■原稿は、一部変更させていただくこともございますのでご了承ください。

お問い合わせ先：『学校管理職合格セミナー』編集部
TEL　03-3815-7041　E-mail　ggs@kyouiku-kaihatu.co.jp

基礎から学べる
【校長・教頭選考】総合対策テキスト
──勉強法から論文・面接・法規対策まで

2023年7月6日　初版第1刷発行

編　　集　『学校管理職合格セミナー』編集部
発 行 者　福山　孝弘
発 行 所　株式会社 教育開発研究所
　　　　　〒113-0033　東京都文京区本郷2-15-13
　　　　　電話03-3815-7041／FAX03-3816-2488
　　　　　https://www.kyouiku-kaihatu.co.jp/
装　　丁　長沼　直子
印 刷 所　第一資料印刷株式会社

ISBN　978-4-86560-575-4　C3037